dtv

Wie ist ein (wunschlos) glückliches Leben möglich? Der griechische Philosoph Epikur (341–270 v. Chr.) gibt uns dazu eindeutige Hinweise: »Strebe nicht nach Reichtum, Macht und Ruhm. Genieße, was du hast!« Seelenruhe also ist das Ziel seiner Philosophie, und die beste Voraussetzung, sie zu erlangen, ist mit Wenigem zufrieden zu sein.

Wandern erweist sich hier geradezu als Königsweg. Denn in einem Rucksack ist kein Platz für Überflüssiges. Nur das Wichtigste darf mit: Essen, Trinken, wetterfeste Kleidung und selbstverständlich ein gutes Buch. ›Mit Epikur auf Wandertour‹, ein Fundus an Lebensweisheiten aus mehr als zwei Jahrtausenden, bietet sich da als idealer Begleiter an. Inspiriert von der Glückslehre des antiken Denkers zeigen uns Philosophen, Wissenschaftler und Schriftsteller von Lukrez bis Adorno, von Rousseau bis Maja Göpel und von Thoreau bis Eva Demski, was zu tun ist für das Glück und wie es möglich ist, das Leben zu genießen.

Günter Stolzenberger studierte Soziologie, Philosophie und Politik und lebt als freier Publizist in Frankfurt am Main. Er hat mehrere erfolgreiche Anthologien herausgegeben, darunter ›Die Kunst des Wanderns‹.

Mit Epikur auf Wandertour

Ein Lesebuch
für Nachdenkliche

Herausgegeben von
Günter Stolzenberger

dtv

Ausführliche Informationen über unsere
Autorinnen und Autoren und ihre Bücher
finden Sie unter www.dtv.de

Dieses Buch ist auch als eBook erhältlich.

Weitere Lesebücher für Nachdenkliche bei dtv:
Der kleine Taschenphilosoph
Mit Kant am Strand
Setz die Segel mit Hegel
Mit Wittgenstein bei Kerzenschein

Originalausgabe 2021
© 2021 dtv Verlagsgesellschaft mbH & Co. KG, München
Das Werk ist urheberrechtlich geschützt.
Jede Verwertung ist nur mit Zustimmung des Verlages zulässig.
Das gilt insbesondere für Vervielfältigungen, Übersetzungen und
die Einspeicherung und Verarbeitung in elektronischen Systemen.
Umschlaggestaltung und -illustration: Katharina Netolitzky
Gesamtherstellung: Druckerei C.H.Beck, Nördlingen
Printed in Germany · ISBN 978-3-423-34996-3

Inhalt

Vorwort *13*

WILLKOMMEN IM LEBEN

Seneca
Ein Leben im Glück 23

Friedrich Nietzsche
Et in Arcadia ego 25

Ludwig Marcuse
Keine Angst 27

Horaz
Pflücke den Tag! 33

Lukrez
Folge deiner Natur 34

Eva Demski
Epikurs Garten 36

Lin Yutang
Verlorenes Paradies? 47

Ludwig Tieck
Vor unseren Füßen 52

Arno Holz
Das Lied vom Glück 55

DAS GLÜCK LIEGT AUF DEN WEGEN

Seneca
Wandere mit mir! 59

Friedrich Nietzsche
Gegen die Verleumder der Natur 61

Jean Giono
Endlich kommt die Sonne 62

Ralph Waldo Emerson
Das Wohlbehagen in der Natur 65

Rainer Maria Rilke
Erlebnis 68

Hilde Domin
Windgeschenke 72

Mascha Kaléko
Erster Ferientag 73

Joachim Ringelnatz
Der Abenteurer 79

ETAPPENZIEL SEELENRUHE

Sigmund Freud
Das Glück der Ruhe 83

Epikur
Wählen und Meiden 87

Epiktet
Es liegt bei uns 90

Alain
Schlechte Laune 91

Michel de Montaigne
Man muß sich selbst ein Freund sein 94

Platon
Der goldene Draht 97

Arthur Schopenhauer
Sein und Haben 99

Robert Musil
In den Jahren der Lebensmitte 103

Kurt Tucholsky
Man sollte sich doch treu bleiben 107

WEITER MIT LEICHTEM GEPÄCK

Mark Twain
Reich ist, wer genug hat 113

Seneca
Endlich frei 114

Plutarch
Geh mir aus der Sonne! 116

Wilhelm Busch
Das Hemd des Zufriedenen 117

Ernst Bloch
Fall ins Jetzt 120

Fred Endrikat
Lebensmathematik 123

Alain
Auf der großen Wiese 124

Henry David Thoreau
Ich zog in den Wald 127

Johann Wolfgang Goethe
Wann er will 132

Immanuel Kant
Der mündige Mensch 134

Reiner Kunze
Vers zur Jahrtausendwende 137

DER GIPFEL DER GLÜCKSELIGKEIT

Theodor W. Adorno
Sur l'eau 141

Jean-Jacques Rousseau
Höchste Glückseligkeit 144

Friedrich Schlegel
Idylle über den Müßiggang 147

Martin Walser
Die Entdeckung des idealen Punktes 149

Plutarch
Pyrrhos-Siege 153

Hans Magnus Enzensberger
Wille und Vorstellung 156

Arthur Schopenhauer
Gegenwart 157

Karl Kraus
Ich kannte einen Hund 160

Wilhelm Schmid
Die Zeit gebrauchen 161

Hilde Domin
Auf der andern Seite des Monds 168

VORSICHT, HOLZWEG!

Seneca
Der ewige Kreislauf 171

Gustav Schwab
Midas 175

Max Weber
Der Geist des Kapitalismus 178

Franz Kafka
Alles fühlt den Griff am Hals 180

Annemarie Pieper
Homo consumens 181

Franz Hohler
Gutscheine 186

Jean Giono
Der Wahnsinn des Geldes 191

Kurt Tucholsky
Augen in der Großstadt 195

AUSWEGE

Friedrich Nietzsche
Zwei Glückliche 199

Hans Magnus Enzensberger
Gegebenenfalls 201

Geert Keil
Was ist Willensfreiheit? 202

William Shakespeare
Unser Körper ist ein Garten 207

Aristoteles
Womit die Sache sich machen läßt 208

Rüdiger Safranski
Platz schaffen 210

Laotse
Alles Große beginnt als Kleines 216

Robert Walser
Das Stellengesuch 217

Maja Göpel
Verzicht? 219

Peter Stamm
Elins Äpfel 227

Jean Giono
Vom wahren Reichtum 236

Autoren- und Quellenverzeichnis 243

Vorwort

Ist das Schuhwerk in Ordnung, der Rucksack gepackt, die Karte auf dem neusten Stand? Dann kanns ja losgehen. Das Wetter ist gut, und der geplante Weg verspricht prächtige Aussichten. Vor uns liegt ein Ort, der wahre Wunder bewirkt: die Natur. Sie macht etwas mit uns, das wir im Alltag schmerzlich vermissen. Sie lässt uns fühlen, dass wir Menschen sind. Wandern ist ein Erlebnis. Wir gehen, wir steigen, wir setzen Fuß vor Fuß, wir spüren unsere Muskeln und Knochen, den Wind, die Sonne auf der Haut; begnadet ist, wer sehen, riechen, hören kann. Mehr braucht es nicht, um eine unbezahlbare Erfahrung zu machen: Es ist eine Lust, am Leben zu sein!

Nicht ohne Grund empfiehlt dieses Buch einen antiken Philosophen als Wegbegleiter mitzunehmen. Denn beim Wandern befindet man sich ganz von selbst auf seinen Spuren: auf den Spuren Epikurs, der vor mehr als zweitausend Jahren eine wegweisende Entdeckung gemacht hat: Der Mensch kann glücklich sein! Und er kann diesen Zustand mit einfachen Mitteln selbst herbeiführen. Wie das geht, zeigt uns seine Philosophie der Glückseligkeit, die mit einer einfachen Einsicht beginnt: Wir leben nur einmal. Wir haben ein einziges Leben, nur diese begrenzte Zahl von Jahren, Tagen,

Stunden und Augenblicken. Besser, wir fangen rechtzeitig damit an, sie zu genießen.

Sonderbarerweise hat er sich damit nicht nur Freunde gemacht. Schon zu seinen Lebzeiten sah er sich dem Vorwurf ausgesetzt, ein unersättlicher Genussmensch zu sein. Bis heute wird diese als Hedonismus geschmähte Haltung mit ihm in Verbindung gebracht – zu Unrecht, denn gut zu leben bedeutete für ihn gerade nicht, den Lüsten hinterherzujagen. Sein Ziel war eher das genaue Gegenteil: die Seelenruhe, das zufriedene Gefühl, das sich einstellt, wenn wir wunschlos glücklich sind.

Idealerweise bedeutet das, weder Wünsche und Gelüste noch Schmerzen oder Ängste zu haben, nichts, was die Gemütsverfassung irgendwie in Aufruhr bringen könnte – ein Dasein in sinnlicher Gegenwart. Viele Kulturen haben ausgefeilte Techniken entwickelt, um diesen Zustand zu erreichen: die Meditation, das Gebet, die Askese, die Tiefenentspannung, Yoga; alle sind sie auf der Suche nach der inneren Ruhe; selbst unsere eigene umtriebige Zeit hat ein großes, wenn auch heimliches Verlangen nach ihr.

Ein Grund mehr, den Epikur dabeizuhaben, denn seine Seelenruhe ist eng verwandt mit der wohltuenden Ausgeglichenheit, die sich beim Wandern sozusagen beiläufig ergibt. Schon nach wenigen Kilometern stellt sie sich ein, besonders gern, nachdem man den mitgebrachten Proviant genossen hat, um sich auf einer sonnigen Bergwiese im Schatten eines windschiefen Baumes auszustrecken. Es ist der ideale Zeitpunkt, in die Philosophie der Glückseligkeit einzusteigen.

Sie besagt, dass der Mensch Bedürfnisse hat, natürliche Bedürfnisse vor allem, die der Erhaltung des Lebens und der körperlichen Gesundheit dienen. Die Natur hat es so eingerichtet, dass bei ihrer Befriedigung Lust entsteht, und weil das ein angenehmes Gefühl ist, hat sich der Lustsucher Mensch auf den Weg gemacht, seine Bedürfnisse zu verfeinern, vor allem aber zu vermehren – eine Entwicklung, der wir, nicht nur was Essen und Trinken betrifft, viel zu verdanken haben.

Es ließe sich daraus schließen, dass der eingeschlagene Weg so weitergehen kann, gäbe es da nicht eine unangenehme Begleiterscheinung: die Unlust. Sie wächst mit dem Aufwand, den wir für immer größere Bedürfnisse betreiben müssen. Das artet dann schnell in Arbeit aus. Ganze Wochen sind mit Unlust gepflastert, mit Stress und Ärger, mit Ängsten und Zwängen. Wir kennen das alle und wissen, was Unlust bedeutet, wenn sie am frühen Morgen in eben noch friedlichen Schlafzimmern mit ihrem Wecker rasselt.

Aus dieser Perspektive betrachtet, wird eine Kernthese epikureischen Denkens unmittelbar verständlich: Die größte Lust ist die Freiheit von Unlust. Die größte Lust ist die Seelenruhe. Sie ist das eigentliche Ziel unseres Handelns, unser höchstes Gut, und wer nach ihm strebt, darf sich weise nennen.

Uns Zeitgenossen des 21. Jahrhunderts erschließt sich dieser Gedanke nicht unmittelbar. Wir leben in einer Welt, deren Geschäft darin besteht, immer neue Wünsche zu erzeugen. Zufriedene Menschen kommen darin nicht vor, dürfen darin nicht vorkommen, denn damit sie funktioniert, müssen alle immer wieder unzufrieden sein. Nur zu diesem Zweck werden immer neue Dinge erfunden. Um sie zu besitzen, nehmen wir in Kauf, ganze Tage in bleierner Unlust zu verbringen; Jahre unseres Lebens geben wir dahin für Dinge, die schon in der nächsten Saison obsolet sind: Must-haves und Nice-to-haves; je lustloser wir werden, desto mehr von ihnen müssen wir haben, um in dem, was wir tun, noch irgendeinen Sinn zu sehen. Es ist ein trauriges Geschäft und ein schlechtes obendrein, aber solange wir es mitmachen, geht es immer weiter. Da hilft uns auch kein Epikur – oder vielleicht doch?

Die Situation, in der wir uns befinden, ist ihm jedenfalls nicht unbekannt. Viele Dinge zu besitzen, galt schon im Altertum als höchst erstrebenswertes Indiz für ein gelungenes Leben. Epikur erkennt darin einen Trugschluss, der auf falschen Meinungen der Masse beruht, auf der Meinung etwa, dass, wer reich, mächtig und berühmt ist, gleichzeitig auch glücklich und zufrieden sein müsse. Das Gegenteil ist der Fall, denn Reichtum, Macht und Ruhm haben einen nimmersatten Charakter. Sie können nicht genug bekommen, erwecken immer neue Begierden und verurteilen uns so dazu, ein endloses Rad zu treiben.

Genug! Das ist das Zauberwort, mit dem es Epikur gelingt, diesem Teufelskreis zu entkommen. Nur wer genug hat, kann zufrieden sein. Der Schlüssel zum glücklichen Leben liegt in der Genügsamkeit. So sehen das alle antiken Glückslehren, aber während der Kyniker Diogenes, der Genügsamste von allen, in einer Tonne wohnt und sich die Stoiker gegen jegliche Unbill mit unerschütterlichem Gleichmut wappnen, wählt Epikur eine moderate Variante des genügsamen Lebens. Sie weiß die Annehmlichkeiten der Zivilisation sehr wohl zu schätzen, ist sinnlichen Freuden nicht abgeneigt, kennt die Köstlichkeit edler Speisen und Getränke und hat auch keine Berührungsängste mit gelegentlichem Luxus. Nur eine Regel hat sie zu befolgen: Lebe naturgemäß!

Er verlangt damit keineswegs den Rückzug in die Wildnis, wohl aber eine gewisse liebhaberische Neugier für die Vorgänge in der Natur. Sie ist der Ursprung, das große Ganze, und der Mensch ist selbstverständlich Teil von ihr. Naturgemäß zu leben bedeutet demnach auch, sich selbst zu kennen, die eigene Natur mit ihren unverwechselbaren Bedürfnissen, Fähigkeiten und Talenten – vergrabene Schätze, die nur darauf warten, gehoben zu werden.

Keine leichte Aufgabe, aber die Suche nach ihnen führt durch ein abwechslungsreiches Gelände. Es gilt, Höhen und Tiefen zu überwinden. Irrwege sind nicht ausgeschlossen und gelegentlich kann es auch anstrengend werden, vor allem für den Kopf. Denn der Mensch ist nicht nur ein Teil der Natur. Er ist auch ein vernunftbegabtes Wesen und verfügt über einen freien Willen; nicht zu vergessen seine Vorstellungskraft und seine Fähigkeit, arbeitend in die Welt einzugreifen und sie damit nach seinen Wünschen zu gestalten. Die Aufklärung hat uns diesen Weg gewiesen, aber mehr als zweitausend Jahre vor Kant hat Epikur dieses Programm ganz ähnlich formuliert. Nutze deine Vernunft, um ein Leben zu führen, das dich glücklich macht.

Es ist dies in aller Kürze das Programm der Lebenskunstphilosophie, jener Disziplin also, der es um die ältesten Fragen der Menschheit geht: Wie ist das Leben überhaupt möglich? Wie lässt es sich so gestalten, dass es ein gutes Leben wird? Die Antworten fallen unterschiedlich aus, aber in einem Punkt sind sich alle einig: Leben ist kein Selbstläufer. Es will in die Hand genommen und geführt werden, damit es nicht verlorengeht auf seinem Weg, der voller Hindernisse ist und voller Widerstände aus Naturnotwendigkeiten und gesellschaftlichen Zwängen.

Die Kunst zu leben besteht darin, sich diesen Widerständen keinesfalls zu ergeben, sie stattdessen aufzuheben oder, wo das nicht möglich ist, sie zu umgehen, ihnen auszuweichen, nach Nischen zu suchen, nach Lichtungen und Freiflächen, diese auszubauen, um Plätze zu schaffen, Zeiträume, um Mensch zu sein auf dem Planeten Erde, der uns als Heimat geschenkt ist für ein paar wunderbare Jahre. Besser, wir fangen rechtzeitig damit an.

Die Weisheit der Philosophie kann uns dabei eine große Hilfe sein. Ihre Aufgabe besteht darin, uns Argumente zu liefern, die Ordnung der Dinge in unseren Köpfen zurechtzurücken, damit das wirklich Wichtige seinen Platz bekommt. Epikur hat das Leben an die erste Stelle gerückt und so einen philosophischen Maßstab gesetzt, der das rastlose Treiben der Menschheit radikal in Frage stellt.

Er hat damit Anhänger in allen Epochen gefunden. Seine Gedanken wirken fort im antiken Rom, im frühen Christentum, in der Neuzeit, und wenig überraschend ist, dass sie in der krisengeschüttelten Gegenwart eine Renaissance erleben. Angesichts einer steigenden Zahl bedrohlicher Klimaphänomene trifft seine Forderung nach naturgemäßem Leben den Nerv der Zeit, und sie befreit ganz nebenbei die Diskussion über den Umbau einer wachstumssüchtigen Ökonomie von ihrem Dauerthema Verzicht. Er erklärt Weniger zu Mehr und hat dafür die besten Argumente: die Lust, das Glück und das Leben.

Weniger ist mehr, das gilt auch für dieses Buch, denn es könnte um vieles dicker sein, soll aber schließlich in einen Rucksack passen. Es beschränkt sich also darauf, die Perlen epikureischen Gedankenguts zu sammeln. Sie stammen aus philosophischen Abhandlungen, Erzählungen, Gedichten und wissenschaftlichen Analysen. Das Ergebnis ist – so die Absicht des Herausgebers – ein ebenso unterhaltsamer wie aufschlussreicher Wegbegleiter, der hoffentlich auf sonnigen

Bergwiesen und in dämmerigen Gaststuben für spannende Diskussionen sorgen wird. Vorausgesetzt, das Wetter hält, bleibt nur noch zu wünschen, dass die Schuhe gut, die Wege schön und die Aussichten prächtig sind.

Günter Stolzenberger

1

WILLKOMMEN IM LEBEN

*Wir sind nur ein einziges Mal geboren.
Zweimal geboren zu werden ist nicht möglich.
Die ganze Ewigkeit hindurch werden wir nicht mehr sein.
Du aber bist nicht Herr des morgigen Tages
und verschiebst immerzu das Erfreuende.*

Epikur

Seneca

Ein Leben im Glück

Ein Leben im Glück, Bruder Gallio, wünschen sich wohl alle, ebenso tappen aber auch alle im dunkeln, wenn es darum geht, sich die Voraussetzungen für ein echtes Lebensglück deutlich vor Augen zu stellen. Es ist aber auch nicht einfach, ein solches Lebensglück zu erlangen. Hat man nämlich den Weg einmal verfehlt, kann man sich sogar vom Ziel entfernen, und zwar um so weiter, je hastiger man sich ihm nähern will. Denn führt der Weg in entgegengesetzte Richtung, läßt gerade die Geschwindigkeit den Abstand immer größer werden. So muß man sich zuerst das Ziel seines Strebens klarmachen und sich dann nach Möglichkeiten umsehen, es recht rasch zu erreichen. Dabei wird man – vorausgesetzt, der eingeschlagene Pfad ist richtig – gewissermaßen unterwegs begreifen, welche Strecke man täglich vorwärtskommen kann und um wieviel wir dem Ziel unseres natürlichen Verlangens nähergekommen sind. […]

In unserem Fall führt gerade der beliebteste und am meisten empfohlene Weg am ehesten in die Irre. In der Hauptsache müssen wir uns also davor hüten, wie das liebe Vieh der Herde unserer Vorgänger zu folgen und weiter mitzugehen, wohin man eben geht und nicht, wohin man eigentlich gehen sollte. Nichts verwickelt uns nämlich in größere Schwierigkeiten als unsere Neigung, sich nach dem Gerede der Leute zu richten, das heißt, immer das für das Beste zu halten, was allgemein Beifall findet, und sich an die bloße Zahl der Beispiele zu halten, also unser Leben nicht nach Vernunftgründen, sondern nach verwandten Erscheinungen zu gestalten. Darum stürzt immer einer über den anderen, und es kommt zu einer so gewaltigen Zusammenballung. Was sich bei einem großen Volksauflauf alles abspielt, wenn ein einziges Menschenknäuel sich schiebt und drückt, keiner fallen kann, ohne seinen Nachbarn mitzureißen, die Vordersten den Nachfolgenden zum Verhängnis werden, dasselbe kannst du überall im Leben beobachten: Keiner begeht für sich allein einen Irrtum, jeder ist gleicherweise Grund und Urheber fremden Irrtums. Es ist nun außerordentlich schädlich, sich einfach seinen Vorgängern anzuschließen. Weil es nämlich einem jeden lieber ist, etwas auf Glauben anzunehmen, als sich selbst ein Urteil über eine Sache zu bilden, kommt es nie zu einer Beurteilung unserer Lebensführung. Immer verläßt man sich nur auf andere, und Irrtümer, von Hand zu Hand weitergereicht, halten uns erst zu Narren und stürzen uns zuletzt in den Abgrund. Sich nach anderen richten führt zum Untergang! Geheilt werden können wir nur, wenn wir uns vom großen Haufen absondern.

Friedrich Nietzsche

Et in Arcadia ego

Ich sah hinunter, über Hügel-Wellen, gegen einen milchgrünen See hin, durch Tannen und altersernste Fichten hindurch: Felsbrocken aller Art um mich, der Boden bunt von Blumen und Gräsern. Eine Herde bewegte, streckte und dehnte sich vor mir; einzelne Kühe und Gruppen ferner, im schärfsten Abendlichte, neben dem Nadelgehölz; andere näher, dunkler; alles in Ruhe und Abendsättigung. Die Uhr zeigte gegen halb sechs. Der Stier der Herde war in den weißen, schäumenden Bach getreten und ging langsam widerstrebend und nachgebend seinem stürzenden Laufe nach: so hatte er wohl seine Art von grimmigem Behagen. Zwei dunkelbraune Geschöpfe, bergamasker Herkunft, waren die Hirten: das Mädchen fast als Knabe gekleidet. Links Felsenhänge und Schneefelder über breiten Waldgürteln, rechts zwei ungeheure beeiste Zacken, hoch über mir, im Schleier des Sonnenduftes schwimmend – alles groß, still und hell. Die gesamte Schönheit wirkte zum Schaudern und zur stummen Anbetung des Augenblicks ihrer Offenbarung; unwillkürlich, wie als ob es nichts Natürlicheres gäbe, stellte man sich in diese reine scharfe Lichtwelt (die gar nichts Sehnendes, Erwartendes, Vor- und Zurückblickendes hatte) griechische

Heroen hinein; man mußte wie Poussin und sein Schüler empfinden: heroisch zugleich und idyllisch. – Und so haben einzelne Menschen auch *gelebt*, so sich dauernd in der Welt und die Welt in sich *gefühlt*, und unter ihnen einer der größten Menschen, der Erfinder einer heroisch-idyllischen Art zu philosophieren: Epikur.

Ludwig Marcuse

Keine Angst

❦

Im Achtzehnten Jahrhundert führte Kant den Nachweis: daß menschliche Vernunft nichts ausmachen könne über die Existenz Gottes; das brachte ihm den Namen ›Alleszermalmer‹ ein, weil viele sich hierdurch zermalmt fühlten. Und man kann noch heute in den Briefen des deutschen Dramatikers Heinrich von Kleist nachlesen, wie furchtbar er sich Kants Skepsis zu Herzen nahm. Epikur und die Seinen stellten hingegen die freundliche Seite der Unerforschlichkeit des Alls ins Licht.

Es gibt wirklich eine sehr freundliche Seite. Epikur lehrte: »Von den vielen Furcht erregenden Erscheinungen umgeben, bildet sich der Mensch die Meinung, es gebe viele ewige und mächtige Götter.« Furcht schuf – Götter. Und dann schufen Götter – Furcht. Deshalb sind die Götter ein Feind menschlichen Glücks. Gegen diesen Feind lehrte Epikur: »Man soll sich vor keinem Gott fürchten, sondern sich freimachen vom Wahnglauben.« Der Kampf gegen die Furcht ist das Herz seines Atheismus gewesen.

Die Furcht ist ein gewaltiges Hindernis auf dem Wege zum Glück; das sah Epikur zwei Jahrtausende vor der Psycho-Analyse. Und bekämpfte diese Furcht in allen ihren Erscheinungen. Die Furcht vor den Göttern war damals sehr verbreitet. So brachte er tausend Verängstigten die frohe Botschaft: daß die Götter, falls sie überhaupt existieren, in seliger Abgeschiedenheit leben, irgendwo im unendlichen Weltenraum. Sie belästigen die Menschen nicht – und wünschen nicht, von ihnen belästigt zu werden. Und Götter sind sie, falls sie überhaupt sind, nur darin, daß sie glücklicher leben als wir irdischen Kreaturen. »Sie sind voll Lust und ruhen in der höchsten Seligkeit, ohne sich selbst oder andern etwas zu schaffen zu machen«: das war die fröhliche Theologie des Epikur. Alle Epikuräer fanden die Erde erst unter einem entgöttlichten Himmel – göttlich. Friedrich Nietzsche jubelte, am Ende des letzten Jahrhunderts: »Das größte Ereignis: Gott ist tot.«

Und der Tod ist tot! verkündete Epikur.

Er focht, um des Menschen-Glücks willen, gegen autokratische Götter. Und er focht, allerdings mit geringerem Erfolg, um des Menschen-Glücks willen: gegen den Tod. Weshalb ist der Tod so schrecklich? fragte er. Viele Griechen (und viele Christen nach ihnen) stellten sich das Leben nach dem Tode ganz entsetzlich vor. Es ist mit dem Tode wie mit den Göttern, beruhigte Epikur die Entsetzten. Das Jenseits, das Ihr Euch da zurechtgemacht habt, ist nichts als ein fauler Zauber. Habt also keine Angst vor dem schlechten Leben nach dem Tod!

Manche aber fürchteten sich gar nicht vor dem Jenseits. Sie fürchteten sich vor dem Ende des Lebens. Epikurs großer Schüler, der römische Dichter Lukrez, beschrieb einmal: wie sehr die Vorstellung von diesem Ende das menschliche Leben beeinflußt; man wäre nicht so gierig, meinte Lukrez, wenn man nicht immer daran denken müßte, daß eines Tages gründlich abgedeckt wird. So schlingt jeder noch einmal schnell hinunter, so viel er kann.

Wie bekämpft man den Schrecken des Todes? Mit Philosophie! Nichts ist im Leben furchtbar für den, der erfassen kann, daß im Nichtsein nichts Furchtbares liegt. Epikur kämpfte nicht (wie zum Beispiel: Bernard Shaw) gegen den Tod, sondern – gegen die Furcht vor dem Tod. Er bekämpfte sie mit einem Beweis – einem der berühmtesten Beweise in der Geschichte der Philosophie. Er lautet: »Das schauerlichste Übel, der Tod, geht uns nichts an, weil, solange wir sind, der Tod nicht da ist; ist er aber da, so sind wir nicht mehr.«

Wer immer zur Schar des Epikur gehörte, sah eine der Haupt-Pflichten der Philosophie darin, mit dem Tode fertig zu werden. Montaigne nannte einen seiner berühmten Essays ›Philosophieren heißt sterben lernen‹. Nur wer das Sterben gelernt hat, kann glücklich werden; und die Philosophie ist dazu da, das Leben glücklich zu machen. Epikur war vom Glück nicht abzubringen, schrieb im Neunzehnten Jahrhundert der französische Psychologe Guyau.

Epikurs Philosophieren war eine Anleitung zum Glücklichsein. Aristoteles hatte gelehrt: »Die Wissenschaft ist um so vornehmer, je weniger sie irgendeinem Ziel dient.« Für diese vornehme Wissenschaft hatte Epikur nichts übrig. Er war ein leidenschaftlicher Denker – um des Glückes willen, nicht um dieser vornehmen, völlig uninteressierten Wissenschaft willen. Dieses Denken im Dienste des Glücks hielt er für die wichtigste Angelegenheit des Daseins. Er tadelte jeden, der sagte: ›Er wolle noch nicht mit der Philosophie beginnen – oder: die Zeit dazu sei vorüber.‹ »Wer so etwas sagt«, erklärte er, »gleicht einem Menschen, der sagt, die Zeit zum Glück sei noch nicht oder nicht mehr da.«

Er war ein Schüler des Demokrit, wandte sich aber ebenso gegen die Diktatur der Natur-Notwendigkeit – wie er sich gegen die Diktatur der Götter gewandt hatte. Aus demselben Grund. »Denn besser wäre es«, schrieb er, »den Fabeln über die Götter zu folgen als Sklave des Naturgesetzes zu sein; jene gewähren wenigstens Hoffnung auf Gebets-Erhörung, die Naturnotwendigkeit aber ist unerbittlich.« So schrieb er den Atomen eine Art von Freiheit zu und lehnte die eherne Notwendigkeit als Wahn ab – zweitausend Jahre vor der Nach-Newtonschen Physik.

Es gibt soviele Philosophien – wie es Motive gibt, aus denen sie wuchsen. Nun hat Kant den griechischen Philosophen nachgerühmt: sie hätten ihre Ideen mit einer Konsequenz entwickelt, die unerhört sei in der Moderne. Epikur war so ein Konsequenter. Mit einer durch die Jahrtausende nachwirkenden Energie hat er das Glück zu seiner Sache gemacht. Seine Lehre war in jedem Stück ein Instrument dieses Glücks. Und dies Instrument war besonders für zwei Aufgaben angefertigt.

Die Philosophie sollte den Menschen befreien von der Furcht: von der Furcht vor den Göttern, vor dem Tod, vor den unmenschlichen Naturgesetzen, vor den Despoten der Gesellschaft. Epikur behandelte die verängstigte Menschen-Seele. Sein Schüler, der Römer Lukrez, der im letzten Jahrhundert vor Christi Geburt lebte, rückte vor allem diese Befreiung in den Mittelpunkt seiner Beschreibung der Lehre des Meisters. Und zweitausend Jahre später, am Ende eines langen Freiheitskampfs, jubelte der Epikuräer Friedrich Nietzsche: »Wir Furchtlosen.«

Die zweite Aufgabe der Philosophie Epikurs war: nachzudenken über dieses sehr problematische Glück. Er dachte nach mit der Schwerfälligkeit des Anfängers. Er fragte: welches ist die Rangordnung der Quellen des Glücks, deren es doch viele gibt – den Magen, das Geschlecht, die Augen, die Ohren, die Seele? Seine Antwort war nicht eindeutig: manchmal neigte er dazu, alles Glück auf die Freuden des Bauchs zurückzuführen – und dann heißt es wieder: »So ist es denn klar, daß ein hoher Grad von Lust oder Unlust der Seele für ein glückliches oder unglückliches Leben von größerer Bedeutung ist, als eine körperliche Empfindung, wenn sie gleich lange dauert.« Und er meinte: die geistige Lust erstrecke sich auch auf Vergangenheit und Zukunft, die sinnliche nur auf die Gegenwart. – Mit diesen und ähnlichen Sätzen begann eine Jahrtausend-Diskussion.

Er fragte dann weiter: ist das Glück der Sekunde unabdingbar – oder ist es bisweilen zu opfern für ein zeitlich umfänglicheres Glück? Er opferte die Sekunde – wandte sich aber schon scharf dagegen: daß dem Morgen der absolute Vorrang eingeräumt wird vor dem Heute. Dem hielt er die Warnung entgegen: »Wir sind einmal geboren; es gibt keine zweite Geburt. Wir werden nach unserem Tod nicht mehr existieren – in alle Ewigkeit nicht. Und doch achtet Ihr nicht auf das Einzige, was Ihr habt: diese Stunde, die ist. Als ob Ihr Macht hättet über den morgigen Tag! Unser Leben wird ruiniert, weil wir es immer aufschieben – zu leben. So sinken wir ins Grab, ohne unser Dasein recht gespürt zu haben.« Der römische Dichter Horaz preßte dies in die zwei berühmten Worte: Carpe diem, ›nutze den Tag‹!

Schließlich fragte er noch: ist Glück nur die Abwesenheit von Unglück? Und antwortete: »Seelenfrieden und Freisein von Beschwerden sind Lust in der Ruhe; Vergnügungen und Freude aber sind Erregungen, welche die Seele in Tätigkeit versetzen.« Es gibt also neben dem Freisein von Beschwerden, neben dem Seelen-Frieden, noch ein positives Glück. Glück ist nicht nur die Negation des Unglücks. Das unterscheidet die Epikuräer von allen, die Glück und Schmerzlosigkeit, Glück und Seelenfrieden gleichgesetzt haben.

Wieweit Epikur dieses von ihm so leidenschaftlich durchdachte Glücklichsein in seiner Problematik entfalten konnte, war abhängig von seiner geschichtlichen Erfahrung und den Denkmitteln, welche ihm seine Vorgänger im Denken (bis zu Aristoteles hin) überliefert hatten. Wie sein eigenes Glücklichsein aussah, war bestimmt von seinem Platz als bescheidener Athenischer Lehrer im winzigen Griechenland – zur Zeit, da es die kleine, wenn auch feine Provinz eines nicht sehr stabilen Imperiums wurde. Aber dieser Anfänger im Philosophieren und Glücklichsein ist noch nicht der erlauchte Ahn aller Epikuräer – bis zu diesem Tag.

Der ist weit mehr gewesen als ein glücklicher Pädagoge in einem Garten bei Athen; weit mehr als ein früher Psychologe, der die ersten Schritte machte in der Zergliederung des rätselhaften Phänomens ›Glück‹. Und er ist auch noch mehr gewesen – als der römische Poet Horaz mit seinem ›bene vivere‹ beschrieb.

Er ist die Verkündigung gewesen: es kommt alles darauf an, daß Du, Mensch, der Du heute und hier lebst, glücklich lebst. Du bist nicht da für einen Gott und seine Kirche und nicht für einen Staat und nicht für eine Aufgabe der großmächtigen Kultur. Du bist da, um Dein einziges, einmaliges Leben mit Glück zu füllen. Diese Entdeckung trägt den Namen Epikur.

Horaz

Pflücke den Tag!

Ob dieser Winter der letzte, ob Zeus noch andre hinzufügt,
die das tyrrhenische Meer an wilden Felsen zerschellen;
erwart es und klär deinen Wein, auch passe die Hoffnung der Zeit an!
Noch während wir plaudern, entflieht die nur zu flüchtige Jugend;
pflücke den Tag, und traue nicht blind dem trügenden Morgen.

Lukrez

Folge deiner Natur

In welch tiefer Finsternis, in welch bösen Gefahren vergehen die kurzen Tage des Lebens! Dass ihr nicht seht, was die Natur verlangt, nicht mehr nämlich, als dass Schmerzen weit ferngehalten werden vom Leib und der Geist sich, von Sorge erlöst und Furcht, heiter fühle und gelassen!

Sehen wir doch, wie der Leib von Natur nur Weniges verlangt, das vor allem, was den Schmerz verbannt, und wie er uns viele Genüsse ausbreiten kann. Es müssen in festlichen Hallen nicht goldene Statuen, Jünglinge mit Fackeln in der Rechten, den Gästen beim nächtlichen Mahle leuchten, es muss im Haus kein Silber schimmern, kein Gold glänzen, der Klang der Lyra nicht widerhallen von goldverzierter Täfelung – wer seiner wahren Natur folgt, wird sich um sein Glück keineswegs betrogen fühlen. Sicher nicht, wenn er im Kreis der Freunde neben rinnendem Wasser im weichen Gras unter den Ästen hoher Bäume lagert, wenn die Freunde ohne großen Aufwand ihren Leib erfrischen können, wenn dazu noch die Sonne lacht, die Jahreszeit Blüten streut ins Grün des Grases. Fieber verlässt den Leib keineswegs schneller, wenn dieser nicht unter ärmlichen Decken, sondern in besticktes Brokatgewebe gehüllt auf Purpurpolstern gebettet krank daniederliegt.

Weil weder Reichtum noch Rang noch Pomp der Macht irgend heilsam wirken auf den menschlichen Leib, darum, so können wir annehmen, sind sie unnütz auch für Geist und Seele.

Eva Demski

Epikurs Garten

»*Ein Gärtchen, Feigen, kleine Käse und
dazu drei oder vier gute
Freunde, – das war die Ueppigkeit Epikur's.*«
Friedrich Nietzsche

Wie könnte er ausgesehen haben, Epikurs Garten? *Auffallend schön* heißt es bei Johannes Mewaldt. Aber wie muß man sich die Schönheit eines Gartens in der damaligen Zeit vorstellen? Ist es nicht von größter Wichtigkeit, zu wissen, in welcher Umgebung es gelingen konnte, Schmerzen und Tod so souverän und freundlich zu begegnen, wie Epikur es tat?

Vielleicht ist es möglich, beim Nachdenken über seinen Garten zu begreifen, was Philosophieren eigentlich heißt. Nicht Philosophie! Ich habe das ein paar Semester zu studieren versucht und erinnere mich nur an verstörende Begegnungen mit Menschen und Texten, die mir vergittert und kompliziert erschienen und mich andauernd zum Lügen zwangen. Man mußte ja inmitten der anderen Studenten so tun, als verstünde man etwas. In Epikurs Gesellschaft aber fühlte ich mich nicht so vernagelt. Und weil sich im Laufe eines Lebens die drei großen Fragen, woher man kommt, wozu man da ist und wohin man denn geht, immer nachdrücklicher melden, habe ich mir oft gewünscht, philosophieren zu können. Bis heute scheint mir ein Garten der ideale Ort dafür zu sein. Manches relativiert sich, wenn man es angesichts großer, alter Bäume oder verwelkter Blumen denkt.

Wann hört eigentlich Nachdenken auf und fängt Philosophieren an? Spürt man den Augenblick? Und wer kann einem sagen, ob man es richtig oder falsch macht? Das versuchte während meines Studiums keiner der Lehrer. Sie wollten nur, daß man ihnen folgte, unangeseilt, auf ihren Hochgebirgspfaden. Sie schienen sogar gern zu sehen, wenn einer abstürzte und im Abgrund der Ahnungslosigkeit landete. Wenn ich es recht bedenke, habe ich in meinem ganzen Leben keinen freundlichen Philosophen kennengelernt, weder tot noch lebendig.

Außer eben Epikur. Und auch wenn die Büste des Epikur uns einen ernsten, hageren, bärtigen Mann zeigt, muß er doch menschenfreundlich gewesen sein. Schließlich wollte er nichts weniger als uns über Schmerzen trösten und den Tod wegphilosophieren.

Sein Garten sei klein gewesen, heißt es. Aber was galt als klein im Athen des vierten vorchristlichen Jahrhunderts? Manche Quellen behaupten, die Bürger von Athen hätten ihm das Grundstück und das Haus geschenkt. Anderenorts steht, er habe sich beides gekauft, nach Jahren der erzwungenen Wanderschaft. Die große Gartenhistorikerin Marie Luise Gothein schreibt ihm einen weitläufigen Garten zu, im Wert von 80 Minen. Aber auch sie resigniert: *Leider wissen wir über die Anlage des Gartens des Epikur gar nichts.*

342 oder 341 vor unserer Zeitrechnung wurde er auf Samos

geboren. Kurz davor war Platon gestorben, seine Schulen samt Gärten lebten in Athen weiter. Epikur wurde zum Studium nach Teos in Kleinasien geschickt, kam danach nach Athen und mußte es alsbald verlassen, um wieder zurück nach Kleinasien zu gehen, nach Mytilene – Sapphos Stadt – und Lampsakos. Die mittelmeerische Welt war damals in andauernde Kriege verstrickt, die geistige Welt, dazu passend, von widersprüchlichen Welterklärungen geprägt.

Er war um die dreißig, als er, endgültig nach Athen zurückgekehrt, seinen Garten fand – ob nun selbst erworben oder von seinen Anhängern – und ihn seinen Schülern, deren Frauen und sogar Sklaven öffnete. Anders als in der berühmten Akademie durften im *Kepos* alle mitmachen. Sechsunddreißig Jahre lang, bis zu seinem Tod, wurde dort gelehrt, erzählt und zugehört. Und während viele andere Philosophenschulen zugrunde gingen, erhielt sich der *Kepos*, der Garten des Epikur, noch viele hundert Jahre.

Die Stadt Athen war, so wissen wir aus Überlieferungen, Verträgen und Funden, zu dicht bebaut, als daß sie Gärten hätte haben können. Kleine Innenhöfe, in denen Brunnen, Hausaltäre, Tiere und Kochstellen Platz finden mußten, hatten entweder gestampften oder gefliesten Boden. Um innerstädtische Tempel herum soll es Haine gegeben haben, in graden Reihen gepflanzte Bäume. Gärten dagegen umgaben in einer Art Grüngürtel die steinerne Stadt. Es kann aber doch sein, daß Epikur einen innerstädtischen Garten besaß, in der Nähe des Dipylontores. Mode wurden die jedoch erst in der römischen Zeit. Wo er auch gewesen sein mag – über seine Gestaltung wissen wir nichts. Man darf also phantasieren und den Philosophengarten imaginär bepflanzen.

Lebe im Verborgenen, sagte Epikur. Anders übersetzt: *Lebe zurückgezogen*. Das hieß nicht, eremitisch zu sein. Nur hatte er offenbar keine Lust, seine Erkenntnisse in der Art vagabundierender Wanderphilosophen zu verbreiten, wie es die Kyniker taten. Er wollte in doppeltem Sinne einen festen Ort haben, denke ich, inmitten des philosophischen Wirrwarrs und seiner von Kriegen gebeutelten Stadt. So ein Ort darf nicht zu luxuriös sein, nicht anmaßend. Neid kann schlimmer wüten als Feuer, das wird er gewußt haben. Auch andere Philosophen lehrten in Gärten, aber keinen verbindet die Überlieferung so eng damit wie Epikur.

Was braucht ein Philosophengarten? Als wichtigstes: Schatten. Man kann in der prallen Sonne nicht vernünftig denken. Geschweige denn jene Kunst ausüben, die über das Denken hinaus ins Erfinden, Interpretieren, Entdecken und Systematisieren gerät. So sind Nietzsches *Feigen* gewiß wörtlich zu nehmen, Feigenbäume spenden einen schönen, ausladenden, tiefen Schatten und duften gut.

Bei Diogenes Laertios steht, Philosophengärten seien mit Wegen, Rasenflächen und Standbildern ausgestattet gewesen. Aber genügt das, um ein Leben lang mit den verschiedensten Schülern und Interessierten der Wahrheit diskutierend nahezukommen? Man brauchte doch auch Verstecke, eingefriedete Gartenräume, in die sich kleinere Gruppen zurückziehen konnten. An einen Rasen kann ich nicht recht glauben. Womit hätte man ihn mähen sollen? Das Gras in Griechenland ist sommers fahl und dürr. Sappho dichtete, sie sei vor Liebe *bleicher als Gras*. So werden die Gartenwiesen im Sommer ausgesehen haben – bleich.

Welche Büsche gab es damals, die die Aufgabe des Schützens und Verbergens erfüllen konnten? Lorbeer zum Beispiel. Der ist robust und dankbar, seine harten Blätter kommen mit

Hitze gut zurecht. Hinter Lorbeerbüschen ist man unsichtbar. Sie sind immergrün, und während sie in unseren mitteleuropäischen Gärten oft übertrieben glatt und glänzend aussehen, irgendwie zu kompakt, sind Lorbeerpflanzen aus einem mittelmeerischen Garten nicht wegzudenken. Ganz anders aussehend, aber ähnlich geeignet, ist die Myrte. In der Antike schmückte man Heiligtümer mit ihren blühenden Zweigen. Sie ist fedrig, mit winzigen Blättchen, die, wenn man sie in der Hand reibt, einen sandelholzartigen Duft verbreiten. Sie wächst heftig – wenn man ihr die richtigen Bedingungen schafft, auch in unseren Breiten. In den Gärten des Hermannshofs in Weinheim wohnt eine, die dort vor zweihundert Jahren als Brautsträußchen angekommen war. Die Braut wünschte sich wohl haltbare Liebe und pflanzte ihr Sträußchen ein. Heute ist diese Myrte so groß wie eine Gartenhütte und bekommt im Winter ein eigenes Haus.

Myrten gab es in Epikurs Garten sicher, als Sichtschutz und Duftspender. Sie haben aber einen Nachteil: Man kann sie nicht essen. Und wenn so viele Menschen an einem Ort immer wieder zusammenkommen und über Leben und Tod nachdenken, wollen sie doch auch etwas essen und trinken. Deswegen denke ich mir Nuß- und Obstbäume in Epikurs Garten. Einen Apfel- oder Erdbeerbaum vielleicht. Obwohl die Früchte des Erdbeerbaums ein bißchen fad schmecken, sind es doch besonders schöne Bäume mit maiglöckchenförmigen Blüten. Die Apfelbäume kommen schon bei Sappho vor, mehr als zweihundert Jahre früher. Einen Weinstock hat es bestimmt auch gegeben, oder mehrere, wobei nichts darauf schließen läßt, daß der Philosoph den Wein so schwärmerisch geliebt hat wie Sapphos Zeitgenosse Alkaios.

Eine Mauer schließt den Garten und seine Gäste von der

Außenwelt ab, aber vielleicht war es keine hohe Mauer. Die Wege? Wahrscheinlich aus gebrannten Ziegeln. Und es muß Sitzgelegenheiten gegeben haben, nicht jeder überlegt und disputiert gern im Gehen. Wenn man zu Schlüssen kommen will, setzt man sich doch meistens hin. Gemauerte Bänke und steinerne Tische stelle ich mir vor.

Von seinen Zeitgenossen und Schülern muß Epikur über die Maßen geliebt und verehrt worden sein. Das hat die Nachwelt nicht ruhen lassen, man suchte ihm am Zeug zu flicken und ihn auf allerlei Art herabzusetzen. Kein Wunder, denn Lebensfreude ist ein verdächtiges Ding, wenn man sie zum Seinsgrund erklärt, erst recht. Absichtlich mißverstanden, wurde er von vielen Nachfahren als hemmungsloser Hedonist und theoriefeindlicher Egoist geschmäht. Die Philosophen des neunzehnten Jahrhunderts nahmen ihn in ihrer Mehrzahl nicht ernst. Das hätte ihn wohl nicht gekümmert. Zum Wesen des Glücks, wie er es verstand, gehört eben, sich um Ruhm und Anerkennung nicht sonderlich zu scheren. Die Männer und Frauen, die sich in seinem Garten um ihn sammelten, wollten, seinen Gedanken folgend, das Glücklichsein lernen. Das war damals wahrscheinlich auch nicht einfacher als heute. Glück in Epikurs Sinn ist inneres Gleichgewicht. Wo könnte man darüber besser nachdenken als im Garten?

Der Reichtum, den die Natur verlangt, ist begrenzt und leicht zu beschaffen, der dagegen, nach dem wir in törichtem Verlangen streben, geht ins Ungemessene. Und: *Man kann nicht in Freude leben, ohne vernünftig, edel und gerecht zu leben, aber auch umgekehrt kein vernünftiges, edles und gerechtes Leben führen, ohne in Freude zu leben. Man kann es aber nicht, wenn jene Voraussetzungen fehlen.*

Um die Voraussetzungen muß es in seinem Garten all die

Jahre gegangen sein. Und wie man es definiert, das Vernünftige, das Edle, das Gerechte. Er selbst wendete die Begriffe, vor allem den der Gerechtigkeit, immer wieder skeptisch hin und her. Und philosophierte über die Abwesenheit des Glücks, wenn Angst anwesend ist. Da kommen dann notwendig die Götter ins Gartenspiel. Es gab in diesem *Kepos* sicher auch einen Altar, ein Heiligtum. Epikur leugnete die Existenz der Götter nicht – er ging aber davon aus, daß sie sich um die Menschen nicht kümmern. Sie sind ewig, also in einer anderen Seinsform, in den *Metakosmien*. Sie belohnen nicht, sie strafen nicht, man muß keine Angst vor ihnen haben. Es sind nur ihre Stellvertreter auf Erden, die ihre Macht aus der Furcht vor dem Göttlichen beziehen. Aber schön und anbetungswürdig sind sie, die fernen Unsterblichen, und es schadet nichts, ihnen zu huldigen.

Man betrieb schon in der Antike Blumenzucht, für die Kränze, die man den Göttern opferte. Und ich kann mir den Garten des Epikur nicht ohne Blühendes vorstellen, Kamille, Rosen, Dill. Vor allem aber gab es mit Sicherheit Wasser. Die athenischen Gärten waren an Wasserläufen angelegt, an Bächen, es gab aber auch Wasserleitungen. Auch in Epikurs Garten wird es eine gefaßte Quelle oder einen Brunnen gegeben haben. Reden macht schließlich einen trockenen Mund, außerdem sind das Geräusch und die Kühle des Wassers dem Denken zuträglich. Das gilt unverändert bis zum heutigen Tag – wer sich im Glücklichsein üben und verbessern will, kommt ohne Wasser nicht aus.

Epikurs Garten stelle ich mir als einen ziemlich lauten Ort vor. Viele Menschenstimmen durcheinander, man hat ja wohl nicht flüsternd und einzelgängerisch vor sich hin philosophiert, da waren gewiß Widerspruch, Erörterung politischer

Ereignisse, Lieder, Vogelstimmen, vielleicht auch Streit oder Kindergeschrei zu hören. Er war zwar einer, der die Ordnung als wichtige Lebensvoraussetzung pries – *Das Dasein des Weisen wird nur in nebensächlichen Dingen vom Zufall gestört, denn die wichtigen, wirklich bedeutenden hat seine Überlegung im voraus geregelt, hält sie auch im Laufe der Zeit in Ordnung und wird sie immer in Ordnung halten* –, daß man aber auch im sichersten Garten von Unvorhergesehenem, das innere Gleichgewicht Störendem überfallen werden kann, war ihm nicht verborgen. Die *Überlegung* muß also im voraus regeln, wie mit Krankheit, Schmerz und Tod umzugehen sein wird. Und es ist die Freude, die jenes wunderbare Gleichgewicht des Lebens wiederherstellen kann: *Denn wo die Freude eingezogen ist, da gibt es, solange sie herrscht, weder Schmerzen noch Qualen oder gar beides.*

Schmerz – den er in seinen späteren Jahren durch seine Krankheit intensiv kennenlernte – war für ihn nicht nur physisches Leiden, sondern auch das Entbehren. Den Schmerz des Entbehrens allerdings – von Macht, Reichtum, zügelloser Sinnlichkeit – hielt er für vermeidbar. *Wenn die Sicherheit vor den Menschen sich auch bis zu einem gewissen Grade durch Macht stützen und durch Reichtum befestigen läßt, echter ist doch die, welche das Leben in der Stille und die Zurückgezogenheit vor der Masse verleihen.*

Ein Garten läßt das Leben überschaubar erscheinen. Das hat Epikur sich zunutze gemacht. Ordnung, Zurückgezogenheit, Freiheit von Angst und Schmerz zwischen Bäumen und Büschen. Nicht Publikum, sondern Freunde, nicht Macht, sondern Weisheit. *Die Fähigkeit, Freundschaft zu gewinnen, ist unter allem, was Weisheit zur Glückseligkeit beitragen kann, bei weitem das Bedeutendste.*

Es könnte sein, daß einst dort im *Kepos* eine kleine Säulenhalle die Philosophierenden vor Regen geschützt hat. Schließlich gab sie, die *Stoa*, einer philosophischen Richtung, der die epikureische Erkenntnislehre durchaus nahestand, den Namen. Als Ersatz für die *Stoa* macht sich eine Pergola in jedem Garten gut, sie sollte Platz zum Einherwandeln bieten.

Epikur kam es darauf an, den Menschen die Angst zu nehmen, also das Unerklärliche oder Übernatürliche aus der Welterklärung auszuscheiden. *Der Tod ist für uns ein Nichts, denn was der Auflösung verfiel, besitzt keine Empfindung mehr. Was aber keine Empfindung mehr hat, das kümmert uns nicht.*

Alles Seiende, der Garten, die Bäume, Erde, Menschen und Tiere, besteht aus vergleichbarem Stoff, aus kleinsten Teilchen, den Atomen, lehrte Epikur. Atome zerfallen beim Tod. Und wie man vor der Geburt seiner selbst nicht inne war, also kein Ich, hört man mit dem Ich-Sein nach dem Tod sofort auf. Sinnlos also, ihn zu fürchten. Das Streben nach Glück in der Zeit dazwischen zollt der Einzigartigkeit jedes Wesens Respekt. Jedes Wesen sollte während der ihm zugemessenen Lebensspanne ganz es selbst sein, also glücklich.

Die Haltbarkeit seiner Philosophie auszuprobieren, hatte Epikur peinvolle Jahre Gelegenheit. Wahrscheinlich litt er unter Nieren- oder Harnsteinen, was seine anschauliche Art erklärt, sich mit dem Phänomen Schmerz auseinanderzusetzen. *Der Schmerz sitzt nicht unaufhörlich im Fleische. Je heftiger er ist, desto kürzer währt er. Ist er aber neben der Lust vorhanden, diese im Fleische nur übersteigend, so bleibt er nicht viele Tage. Bei einem längeren Leiden aber ist die Freude noch immer etwas größer als der Schmerz im Fleische.*

Seine Freudeoffensive gegen den Schmerz ist sehr modern

und entspricht den Ratschlägen von Schmerztherapeuten. Lerne mit ihm zu leben.

Wahrscheinlich hatten seine Freundinnen und Freunde ihm eine Liegestatt im Garten zurechtgemacht, unter Olivenbäumen vielleicht, die geben einen lichten Schatten. Olivenschatten ist besonders schön, weil er durch die silbrigen, beweglichen Blätter immer flirrt und flimmert. Ruhe, Wärme, viel Flüssigkeit wird bei Steinleiden empfohlen, ein Sud aus Schachtelhalmen hätte ihm helfen können. Ob man das damals schon wußte? Ausgeschlossen ist es nicht. Für Kranke ist ein Aufenthalt im Garten besonders wohltuend, wer je im Krankenhaus war, kennt die Sehnsucht nach dem Draußensein, nach Bäumen, Luft, Vogelstimmen. Ihm wird es nicht anders gegangen sein. Im Garten wird auch sein letztes Lager gewesen sein, umgeben von seinen Schülern, seiner Familie im Geist. Wir wissen von einem Abschiedsbrief, den er gleichlautend an mehrere Freunde geschickt hat: *Indem ich den glückseligen Tag meines Daseins erlebe und zugleich beende, schreibe ich euch dies. Harnzwangbeschwerden folgen einander und Durchfallschmerzen, die keine Steigerung in ihrer Stärke übrig lassen. Doch entgegen tritt all dem in meiner Seele die Freude über die Erinnerung an alle mir gewordenen Erkenntnisse.*

Dann bittet er die Freunde noch darum, sie mögen für die Kinder des Sklaven Metrodoros sorgen. Auch die Nachfolge im *Kepos* wird geregelt.

So blieb der Philosophengarten wenigstens nicht verwaist. Aber wie war das eigentlich mit der Trauer? Wenn man Epikur auf seinen Denkwegen folgt, kann für sie kein Platz in seiner Philosophie sein. Seine Hinterbliebenen werden sie dennoch nicht haben wegphilosophieren können, ihre Traurigkeit. Zu beliebt war er, sein Vortrag wurde als sirenisch beschrieben, also unwiderstehlich, es gab sogar Devotionalien, Becher und Ringe mit seinem Abbild. Überhaupt ist er oft dargestellt worden, wenn auch die Identität von Büsten und Stelen nicht immer zweifelsfrei ist.

Um Christi Geburt war es Seneca, der sich Epikurs Lehre und Denkweise zu eigen machte. Er schrieb: *Wenn der Tod seinen Raub festhält, so höre die Klage auf, sie ist vergeblich.* Der Tod hält fest, was er einmal hat – und so werden sie in ihrem Garten, ihrem *Kepos*, weitergelebt haben, diskutiert und philosophiert, gestritten und sich verliebt, gegessen und getrunken. Andere sind dem Meister in den Tod nachgefolgt, und neue Schüler haben sich für die epikureische Lehre begeistert. Aber immer war da der Garten, und es ist doch möglich, daß Lorbeer-, Oliven- und Feigenbäume lange Zeit dieselben waren, in deren Schatten schon der Meister gesessen hatte.

Schade, daß in unserer Zeit offenbar niemand darauf kommt, sich einen *Kepos* anzulegen. Eine kleine Strenge, die durch Üppigkeit gemildert wird, kann man auch hierzulande hinbekommen. Das wäre nicht so schwierig: Lorbeer-, Oliven-, Obst- und Nußbäume, dazu Wasser und für die Ewigkeit gemachte Sitzgelegenheiten, die man nicht immer rein- und rausräumen muß. Auch Feigenbäume wachsen in milden Gegenden, beispielsweise an der Bergstraße, ganz munter. Vielleicht kommen ja die asiatischen Gärten mit ihren Steinlaternen und Buddhaköpfen samt dem ewigen Bambus endlich einmal aus der Mode, und vielleicht legen sich dann gesellige und denkfreudige Gärtner einen *Kepos* zu, in dem viel Platz für Freunde ist – und für die Suche nach dem Glück.

Lin Yutang

Verlorenes Paradies?

Es ist seltsam, zu denken, daß unter den unzähligen Schöpfungswerken auf diesem Planeten zwar dem gesamten Pflanzenreich jede bewußte Einstellung zur Natur versagt ist und man auch bei den Tieren kaum von einer solchen »Einstellung« sprechen kann, daß aber ausgerechnet ein einziges Geschöpf, Mensch geheißen, ein Bewußtsein seiner selbst und der umgebenden Welt besitzt und deshalb zur Umwelt eine bestimmte Einstellung einnehmen kann.

Diese Einstellung zur Schöpfungswelt ist entweder naturwissenschaftlich oder moralisch betont. Den naturwissenschaftlichen Menschen lockt es, das Innere und die Oberfläche des von ihm bewohnten Erdballs chemisch zu analysieren und sich darüber klarzuwerden, wie weit die Atmosphäre der Erde reicht, welcher Art kosmische Strahlen in ihren äußeren Schichten umherzucken, wie die Berge und Gesteine gelagert sind und welches allgemeine Lebensgesetz uns beherrscht.

Gewiß drückt sich auch in diesem naturwissenschaftlichen Interesse eine Art von moralischer Haltung aus, aber an und für sich ist es doch ein reines Bedürfnis des Wissens und Forschens. Die moralische Haltung andererseits drückt sich auf mannigfache Weise aus; zuweilen strebt sie nach Einklang mit der Natur, zuweilen nach deren Eroberung und Unterjochung; bald begnügt sie sich damit, die Natur zu beherrschen und nutzbar zu machen, bald bringt sie ihr ein Gefühl hoffärtiger Verachtung entgegen. Diese zuletzt erwähnte Haltung ist ein äußerst merkwürdiges Ergebnis gewisser Kulturen, und vor allem gewisser Religionen, und geht zurück auf die Fabel vom »verlorenen Paradies«.

Sonderbarerweise wird die Wahrheit der Geschichte vom verlorenen Paradies nie in Frage gestellt. Wie schön muß demnach der Garten Eden gewesen sein, wie häßlich demgegenüber die uns umgebende Welt! Was ist eigentlich geschehen, seit Adam und Eva den Sündenfall begingen? Haben die Blumen aufgehört zu blühen? Hat Gott den Apfelbaum verflucht, so daß er keine Frucht mehr trägt, oder hat er bewirkt, daß seine Blüten weniger schimmern und leuchten? Singen Lerche, Pirol und Nachtigall nicht mehr? Liegt kein Schnee mehr auf den Berggipfeln und kein Glanz auf den Seen? Gibt es keinen rosigen Sonnenuntergang mehr, keinen Regenbogen, keinen Nebeldunst überm Dorf, keinen Wasserfall, rauschenden Bach und schattenspendenden Baum? Wer hat das Märlein erfunden, das Paradies sei uns »verloren« und wir lebten in einer »Welt der Häßlichkeit«? Sind wir nicht undankbare, sind wir nicht verzogene Kinder Gottes?

Wir wollen uns eine Parabel ausdenken, die von diesem verzogenen Kind handelt. Es war einmal ein Mann; seinen Namen wollen wir noch nicht verraten. Der ging zum lieben Gott und beschwerte sich, diese Erde sei nicht gut genug für ihn, er wolle einen Himmel haben mit Perlentoren. Da deutete der liebe Gott auf den Mond am Himmel und fragte, ob das nicht ein ganz gutes Spielzeug sei, aber der Mann schüttelte den Kopf. Da wies Gott auf die blauen Berge in der

Ferne und fragte den Mann, ob er ihre Linien nicht schön fände, aber er antwortete: Nein, er finde sie langweilig und nicht besonders. Nun zeigte ihm Gott die Orchideenblüte und das Stiefmütterchen und hieß ihn mit dem Finger leicht über das samtene Blütenkissen hinstreichen und fragte, ob das nicht ein köstliches Farbenwunder sei, aber der Mann sagte kurz angebunden: »Nein!«

In seiner unendlichen Geduld führte Gott ihn ins Aquarium und zeigte ihm die prächtigen Farben und Formen der Südseefische, aber der Mann versetzte, das interessiere ihn nicht. So führte ihn Gott unter einen schattigen Baum und ließ einen kühlen Lufthauch wehen und fragte, ob das nicht eine Wohltat sei, aber der Mann entgegnete, ihm sage es nicht viel. Nun führte ihn Gott an einen Bergsee und wies ihm das lichte Wasser, das Geräusch des Windes im knarrenden Kiefernwald, die stille Größe der Felsen und den prächtigen Widerschein auf dem See, aber der Mann sagte, aufregend finde er das alles nicht.

Darüber kam Gott auf den Gedanken, daß dieses sein Geschöpf offenbar nicht von sanfter Gemütsart sei und krassere Anblicke wünsche, und so nahm er ihn mit sich auf den Gipfel des Felsengebirges und in die Schlucht des Grand Cañon, führte ihn in Stalaktitenhöhlen, an Geyser und auf Sanddünen, in den Schnee des Himalaja und unter den Wassersturz des Niagarafalles und fragte ihn, ob er denn nicht wahrlich alles getan habe, um diese Erde für die Augen und Ohren und den Bauch des Menschen reich und herrlich zu bestellen, aber der Mann barmte immer noch nach seinem Himmel mit Perlentoren. »Diese Erde«, sprach er, »ist nicht gut genug für mich.« – »Du anmaßende, undankbare Brut!« sagte der liebe Gott. »Wenn diese Erde nicht gut genug für dich ist, will ich dich in die Hölle schicken, da sollst du keine ziehenden Wolken und keine blühenden Bäume mehr sehen und keinen Bach mehr rauschen hören, und so sollst du leben bis ans Ende deiner Tage.« Und Gott schickte ihn in die Großstadt, daß er da lebe in einer Mietskaserne. Sein Name aber war Christenmensch.

Es läßt sich denken, daß dieser Mann nur schwer zu befriedigen ist. Mit seinem Millionärskomplex wird er schon in der zweiten Woche im Himmel seine Perlentore satt bekommen, und Gott wird in der größten Verlegenheit sein, was er Neues erfinden soll, um dieses verzogene Kind zufriedenzustellen.

Meine Vorstellungskraft versagt jedenfalls, wenn ich mir einen besseren Planeten als den unseren ausdenken soll. Natürlich könnte es statt des einen Monds ein Dutzend Monde geben in allen möglichen Farben: rosarot, violett preußischblau, spinatgrün, orange, lavendelfarbig, aquamarin und türkis – oder schönere, zahlreichere Regenbogen. Ich fürchte aber, wer mit einem Mond nicht zufrieden ist, der bekommt auch ein Dutzend Monde bald satt, und wem eine Schneelandschaft und ein Regenbogen von Zeit zu Zeit nicht genügt, dem ist auch mit einem ganzen Regiment von Regenbogen nicht geholfen.

Ich muß an dieser Stelle auf die Gefahr hin, daß man mich entweder für einen großen Narren oder einen großen Weisen hält, sagen, daß ich mit dem buddhistisch-christlichen Wunschbild gar nichts anfangen kann, welches lehrt, man müsse der Sinnenwelt und dem Körperwesen dadurch entrinnen, daß man an einen Himmel glaubt, welcher keinen Raum einnimmt und aus purem Geiste besteht. Mir scheinen im Gegenteil die Tatsachen heute so zu liegen, daß sie eine vollkommene, eine beinahe mystische Gleichgerichtetheit zwischen dem Sicht- und Hörbaren, Riech- und Fühlbaren in der Natur und unseren Sinnesorganen bezeugen. Diese Gleichsinnigkeit zwischen den Anblicken, Geräuschen und Gerüchen auf der Welt und unseren Wahrnehmungsorganen geht so weit, daß man daraus geradezu einen Beweis für den von Voltaire so sehr ins Lächerliche gezogenen Gedanken der Teleologie ableiten könnte.

Es möge dahingestellt bleiben, ob Gott uns an die Tafel des Lebens gebeten hat oder nicht; nach chinesischer Auffassung gilt es auf jeden Fall, sich daran zu beteiligen, eingeladen oder uneingeladen. Die Philosophen mögen unterdessen bei ihren metaphysischen Untersuchungen bleiben und festzustellen versuchen, ob wir zu den geladenen Gästen gehören; dem vernünftigen Menschen steht es an, daß er sich hinsetzt und ißt, bevor das Essen kalt wird.

Ludwig Tieck

Vor unseren Füßen

Lieber Sebastian, es ist um das Treiben und Leben der Menschen eine eigene Sache. Wie die meisten so gänzlich ihres Zwecks verfehlen, wie sie nur immer suchen und nie finden, und wie sie selbst das Gefundene nicht achten mögen, wenn sie ja so glücklich sind. Ich kann mich immer nicht darin finden, warum es nicht besser ist, warum sie nicht zu ihrem eigenen Glücke mit sich einiger werden. Wie lebt mein Bauer hier für sich und ist zufrieden, und ist wahrhaft glücklich. Er ist nicht bloß glücklich, weil er sich an diesen Zustand gewöhnt hat, weil er nichts Besseres kennt, weil er sich findet, sondern alles ist ihm recht, weil er innerlich von Herzen vergnügt ist, und weil ihm Unzufriedenheit mit sich etwas Fremdes ist. Nur Nürnberg wünscht er vor seinem Tode noch zu sehen und lebt doch so nahe dabei; wie mich das gerührt hat!

Wir sprechen immer von einer goldenen Zeit, und denken sie uns so weit weg, und malen sie uns mit so sonderbaren und buntgrellen Farben aus. O teurer Sebastian, oft dicht vor unsern Füßen liegt dieses wundervolle Land, nach dem wir jenseit des Ozeans und jenseit der Sündflut mit sehnsüchtigen Augen suchen. Es ist nur das, daß wir nicht redlich mit uns selber umgehen. Warum ängstigen wir uns in unsern Verhältnissen so ab, um nur das bißchen Brot zu haben, das wir darüber selber nicht einmal in Ruhe verzehren können? Warum treten wir denn nicht manchmal aus uns heraus und schütteln alles das ab, was uns quält und drückt, und holen darüber frischen Atem, und fühlen die himmlische Freiheit, die uns eigentlich angeboren ist? Dann müssen wir der Kriege und Schlachten, der Zänkereien und Verleumdungen auf einige Zeit vergessen, alles hinter uns lassen und die Augen davor zudrücken, daß es in dieser Welt so wild hergeht und sich alles toll und verworren durcheinanderschiebt, damit irgendeinmal der himmlische Friede eine Gelegenheit fände, sich auf uns herabzusenken und mit seinen süßen lieblichen Flügeln zu umarmen.

Aber wir wollen uns gern immer mehr in dem Wirrwarr der gewöhnlichen Welthändel verstricken, wir ziehn selber einen Flor über den Spiegel, der aus den Wolken herunterhängt, und in welchem Gottheit und Natur uns ihre himmlischen Angesichter zeigen, damit wir nur die Eitelkeiten der Welt desto wichtiger finden dürfen. So kann der Menschengeist sich nicht aus dem Staube aufrichten und getrost zu den Sternen hinblicken und seine Verwandtschaft zu ihnen empfinden. Er kann die Kunst nicht lieben, da er das nicht liebt, was ihn von der Verworrenheit erlöst, denn mit diesem seligen Frieden ist die Kunst verwandt.

Du glaubst nicht, wie gern ich jetzt etwas malen möchte, was so ganz den Zustand meiner Seele ausdrückte, und ihn auch bei andern wecken könnte. Ruhige fromme Herden, alte Hirten im Glanz der Abendsonne, und Engel die in der Ferne durch Kornfelder gehn, um ihnen die Geburt des Herrn, des Erlösers, des Friedefürsten zu verkündigen. Kein wildes Erstarren, keine erschreckten durcheinandergeworfenen Figuren, sondern mit freudiger Sehnsucht müßten sie nach den Himmlischen hinschauen, die Kindlein müßten mit ihren zarten Händlein nach den goldnen Strahlen hindeuten, die von den Botschaftern ausströmten. Jeder Anschauer müßte sich in das Bild hineinwünschen und seine Prozesse und Plane, seine Weisheit und seine politischen Konnexionen auf ein Viertelstündchen vergessen, und ihm würde dann vielleicht so sein, wie mir jetzt ist, indem ich dieses schreibe und denke.

Laß Dich manchmal, lieber Sebastian, von der guten freundlichen Natur anwehen, wenn es Dir in Deiner Brust zu enge wird, schau auf die Menschen je zuweilen hin, die im Strudel des Lebens am wenigsten bemerkt werden, und heiße die süße Frömmigkeit willkommen, die unter alten Eichen beim Schein der Abendsonne, wenn Heimchen zwitschern und Feldtauben girren, auf Dich niederkömmt. Nenne mich nicht zu weich und vielleicht phantastisch, wenn ich Dir dieses rate, ich weiß, daß Du in manchen Sachen anders denkst, und vernünftiger und eben darum auch härter bist.

Arno Holz

Das Lied vom Glück

Über die Welt hin ziehen die Wolken.
Grün durch die Wälder
fließt ihr Licht.
Herz, vergiß!
In stiller Sonne
webt linderndster Zauber,
unter wehenden Blumen blüht tausend Trost.
Vergiß! Vergiß!
Aus fernem Grund pfeift, horch, ein Vogel …
Er singt sein Lied.
Das Lied – vom Glück!

2

DAS GLÜCK LIEGT
AUF DEN WEGEN

*Wer den morgigen Tag am wenigsten braucht,
geht mit der größten Freude in ihn hinein.*

Epikur

Seneca

Wandere mit mir!

Die Philosophie, Lucilius, ist nun etwas so Heiliges und Ehrwürdiges, daß sogar trügerische Ähnlichkeit mit ihr Anklang findet. So hält die Menge jeden, der seiner Muße lebt, schon für einen Menschen, der zurückgezogen sein Leben in Geborgenheit, in Selbstgenügsamkeit und im Einklang mit sich selbst gestaltet. Dabei kann all dies nur auf den Weisen zutreffen. Denn der allein versteht es, mitten in aller Aufregung sich selbst zu leben, weil er allein – und das ist die Hauptsache – überhaupt zu leben versteht. Denn wer Welt und Menschen flieht, wer sich durch unglückliche Liebe in die Einsamkeit treiben läßt, wer es nicht ertragen kann, andere glücklich zu sehen, wer sich wie ein scheues und träges Tier furchtsam verkriecht, der lebt nicht sich selbst, sondern – was das Allerschimpflichste ist – seinem Bauch, seinem Schlaf, seiner Lust. Man lebt nicht dadurch schon für sich selbst, daß man für keinen anderen mehr zu sprechen ist. […]

Für ein Leben innerer Ausgeglichenheit ist freilich der Ort allein nicht das Ausschlaggebende, die innere Einstellung muß allem das Gepräge geben. Ich habe selbst beobachtet, wie man auf einem heiteren, anmutig gelegenen Landsitz todunglücklich, in tiefster Zurückgezogenheit hingegen völlig ausgelastet sein kann. Darum solltest Du nicht meinen, Du hättest es schlecht getroffen, weil Du nicht gerade hier in Kampanien bist. Warum bist Du's eigentlich nicht? Komm doch in Gedanken hierher! Mit seinen Freunden kann man sich, sogar wenn sie weit entfernt sind, unterhalten, sooft und solange, wie man nur will. Aus der Ferne ist dieses schönste Vergnügen sogar besonders groß. Ständiges Beisammensein verwöhnt uns. Eben weil wir ab und an zusammen plaudern, wandern, uns ausruhen, denken wir in der Trennungszeit gerade über die am wenigsten nach, mit denen wir eben noch zusammen waren.

Auch darum sollten wir Abwesenheit mit Gleichmut tragen, weil wir selbst von den Menschen unseres täglichen Umgangs oft genug getrennt werden. Denke da erst einmal an die Trennung zur Nachtzeit, dann an die verschiedenartigen Beschäftigungen jedes einzelnen, auch die unterschiedlichen Studiengebiete, die Ausflüge in die nähere Umgebung: Du wirst sehen, so viel ist es gar nicht, was uns die Entfernung raubt.

Im Herzen muß ein Freund wohnen, nur so ist er uns niemals fern. Täglich kann man so vor Augen haben, wen man nur immer sehen will. Also: denk mit mir nach, geh mit mir zu Tisch, wandere mit mir! Unser Leben wäre doch sehr eng, wenn es etwas gäbe, das unserem Gedankenflug unerreichbar bliebe. Ich sehe Dich vor mir, Lucilius, ja ich höre Dich. So nahe bin ich Dir, daß ich nicht recht weiß: soll ich Dir überhaupt noch Briefe schreiben oder soll ich lieber zu kleinen Notiztäfelchen übergehen? Leb wohl!

Friedrich Nietzsche

Gegen die Verleumder der Natur

❦

Das sind mir unangenehme Menschen, bei denen jeder natürliche Hang sofort *zur Krankheit* wird, zu etwas Entstellendem oder gar Schmählichem – diese haben uns zu der Meinung verführt, die Hänge und Triebe des Menschen seien böse; sie sind die Ursache unsrer großen Ungerechtigkeit gegen unsre Natur, gegen *alle* Natur! Es gibt genug Menschen, die sich ihren Trieben mit Anmut und Sorglosigkeit überlassen dürfen – aber sie tun es nicht, aus Angst vor jenem eingebildeten »bösen Wesen« der Natur! Daher ist es gekommen, daß so wenig Vornehmheit unter den Menschen zu finden ist, deren Kennzeichen es immer sein wird, *vor sich* keine Furcht zu haben, von sich nichts Schmähliches zu erwarten, ohne Bedenken zu fliegen, wohin es uns treibt – uns freigeborene Vögel! Wohin wir auch nur kommen, *immer* wird es frei und sonnenlicht um uns sein.

Jean Giono

Endlich kommt die Sonne

Endlich kommt die Sonne. Sie hat sich tiefer herabgesenkt als die Nebeldecke und leuchtet jetzt zwischen dem Berg Archat, auf dem die Herden ausruhen, und den Felsen von La Tazelle. Sie ist rot und grell. Mit dem Wind wird das Licht herangetragen. Er streicht dicht über die Erde hin, wie ein Sumpfvogel, und mit dem Flügelschlag seiner rötlichen Schwingen weckt er den Modergeruch des welken Laubes im Unterholz. Das Stückchen Welt, das ich um mich sehe, ist wie ein zauberhaftes Relief. Das Licht ist in Augenhöhe, und auch die kleinste Vertiefung der Wiese füllt sich mit Schatten. Jede runde Woge des hohen Grases funkelt in der Sonne.

Die einzelnen Bäume sind deutlich zu unterscheiden, auch die, die eng beieinander stehen. Man kann jedes Blatt erkennen; es sind Tausende. Die Zweige, die dicken Äste, der Stamm, nichts ist mehr im Dunkel verschwommen; jede kleine Einzelheit leuchtet hell. Das sind die Gefährten, die mir auf vertraute Art Wege und Straßen weisen und mich von einem zum andern leiten, damit ich mich nicht verirre. Wie ich bewohnen sie das Land, von den Abhängen des Mont de Fer bis zum Gebirge von Saint-Michel. Ich sehe sie alle: hier sind es Eichen, Birken und Erlen, da unten Elsbeerbäume und Weiden, weiter ab Kastanien und Pappeln und noch weiter Apfelbäume – sie stehen in regelmäßigen Abständen auf einer grünen Fläche –, noch weiter ab Arve-Pinien und große Eichen, die die Abhänge auf der andern Seite hinaufklettern, dann Tannen, Lärchen, Weideland, von Pflaumenbäumen umsäumt, und dann, weit in der Ferne, die dunkle Masse des Waldes.

Und auch ich bewohne das ganze Land. Ich bin nicht nur hier in den Wiesen von Prébois, ich bewege mich viel schneller vorwärts, als meine Füße mich tragen; ich bin überall zu gleicher Zeit, ich atme alle Düfte ein, und ich fühle die Formen aller Dinge. Ich bin der Bewohner all dieser Gebüsche, dieser Wiesen, dieser Felder und Weinberge, dieser Stoppeln, der Hafer-, Gersten- und Weizenfelder. Ich wohne auf allen Wegen und in allen Hecken neben den Wegen. Ich bin der, der in alle Dörfer geht, der sich vor der Werkstatt des Hufschmiedes hinstellt und zusieht, oder vor dem, der die Sense schärft – er hat seinen kleinen Amboß in die Erde gesteckt und schlägt mit dem flachen Hammer auf die Sense –, ich bin der, der in alle Dörfer geht und fragt: »Wo ist der Brunnen?« [und der am Brunnen trinkt] und der fragt: »Habt ihr Feuer?« [und man gibt ihm Feuer für seine Pfeife] und der fragt: »Wie weit seid ihr mit dem zweiten Schnitt?« [Ist es der zweite oder schon der dritte?] Und man antwortet: »Oh, es ist der zweite; hier ist der Boden arm und es gibt keinen dritten.«

Ich bin der, der in die Dörfer geht und fragt: »Wo ist das Gasthaus?«, der in die Gaststube tritt und sich zu denen setzt, die miteinander sprechen. Heute abend gehe ich in alle Gasthäuser zugleich, und ich setze mich an alle Tische, zu allen, die miteinander sprechen, im ganzen Lande, in allen Dörfern, von St-Michel bis Prébois, in Saint-Maurice, in Lalley, in Tréminis, in Saint-Banville und in Monetier. Mit ihnen, die aus dem Dorfe sind, die neben dem Pfarrhaus, der Schule oder gegenüber vom Kramladen wohnen, die von den Bauernhöfen, den Meiereien oder den Scheunen gekommen sind [die Prédelau heißen, la Commandante, Rufigne oder Verschez-les-prunes], alles gleich gute Bauern, einer wie der andere; denn die Dörfer sind klein, weit getrennt durch die Felder, die Bäume, den Wind, das Rauschen der Wälder und das Tönen hoch oben in den Bergen.

Ralph Waldo Emerson

Das Wohlbehagen in der Natur

❦

Um die Wahrheit zu sagen, wenige Erwachsene können die Natur sehen. Die meisten sehen die Sonne nicht. Zumindest ist ihr Sehen sehr oberflächlich. Die Sonne bescheint nur das Auge des Mannes, aber in das Auge und das Herz des Kindes scheint sie hinein. Derjenige ist ein Naturliebhaber, dessen innere und äußere Sinne noch wahrhaft übereinstimmen; wer sich den Geist der Kindheit noch bis hinein in die Jahre des Mannesalters erhalten hat. Sein Verkehr mit dem Himmel und der Erde wird ein Teil seiner täglichen Nahrung. In der Natur durchströmt den Menschen wunderliches Wohlbehagen trotz all seiner Sorgen.

Die Natur spricht – er ist mein Geschöpf, und trotz all des bedrängenden Kummers soll er mit mir glücklich sein. Nicht die Sonne oder der Sommer allein, sondern jede Stunde und jede Jahreszeit zollen ihren Tribut an Wonne, denn jede Stunde und jeder Wechsel entspricht einer unterschiedlichen Gemütsverfassung und rechtfertigt sie vom windstillen Mittag bis zur finsteren Mitternacht.

Die Natur bietet eine Ausstattung, die zu einem Lustspiel ebenso gut passt wie zu einem Trauerspiel. Bei gutem Befinden wird die Luft zu einem Labsal unglaublicher Wunderkraft.

Wenn ich über eine kahle Gemeindewiese schreite, durch Schneepfützen stapfe, in der Dämmerung unter bedecktem Himmel wandere, ohne den Gedanken irgendeines besonderen Glücksfalles zu hegen, erfreue ich mich vollkommener Erheiterung. Fast wage ich nicht zu denken, wie glücklich ich bin.

Auch streift in den Wäldern der Mensch seine Jahre ab wie eine Schlange ihre Haut und ist, in welchem Jahre seines Lebens er auch stehen mag, doch immer ein Kind. In den Wäldern ist immer währende Jugend. In diesen Pflanzungen Gottes herrscht Würde und Heiligkeit, eine immer währende Festlichkeit wird bereitet, und kein Gast vermag zu erkennen, wie er in tausend Jahren ihrer überdrüssig werden sollte. In den Wäldern kehren wir zur Vernunft und zum Glauben zurück. Dort fühle ich, dass mich im Leben nichts treffen kann – keine Schande, kein Unheil (solange mir die Augen erhalten bleiben), was nicht die Natur heilen kann.

Wenn ich auf dem kahlen Erdboden stehe – meinen Kopf in die heitere Luft getaucht und in den unendlichen Raum erhoben –, schwindet alle eitle Selbstgefälligkeit dahin. Ich werde zu einem durchsichtigen Augapfel; ich bin nichts; ich sehe alles; die Ströme des universellen Wesens durchwogen mich; ich bin ein Teil oder Splitter Gottes. Der Name des engsten Freundes klingt dann fremdartig und wie zufällig: Brüder oder Bekannte, Herr oder Diener, alles erscheint wie eine bedeutungslose Kleinigkeit und wirkt wie eine Störung. Ich liebe die unendliche und unsterbliche Schönheit. In der Wildnis finde ich etwas Wertvolleres und Verwandteres als auf den Straßen und in den Dörfern. In der ruhigen Landschaft, und besonders in der weit entfernten Linie am Horizont, erblickt der Mensch etwas, das so schön ist wie seine eigene Natur.

Die größte Wohltat, die uns Felder und Wälder gewähren, ist die Idee einer geheimen Verwandtschaft zwischen dem Menschen und der Pflanzenwelt. Ich bin nicht allein und unerkannt. Sie neigen sich mir zu, und ich neige mich ihnen zu. Das Schwingen der Zweige im Sturm kommt mir neuartig und doch wieder altbekannt vor. Es überrascht mich, und doch ist es mir nicht unbekannt. Seine Wirkung ist wie die eines höheren Gedankens oder einer edleren Gemütsbewegung, die über mich kommt, wenn ich meinte, ich dächte richtig und handelte recht.

Doch gilt es als sicher, dass die Kraft, die diese Freude hervorruft, nicht der Natur innewohnt, sondern dem Menschen oder der Harmonie zwischen Mensch und Natur. Es ist notwendig, sich diesen Vergnügen nur mit der allergrößten Mäßigung hinzugeben.

Rainer Maria Rilke

Erlebnis

Es mochte wenig mehr als ein Jahr her sein, als ihm im Garten des Schlosses, der sich den Hang ziemlich steil zum Meer hinunterzog, etwas Wunderliches widerfuhr. Seiner Gewohnheit nach mit einem Buch auf und abgehend, war er darauf gekommen, sich in die etwa schulterhohe Gabelung eines strauchartigen Baumes zu lehnen, und sofort fühlte er sich in dieser Haltung so angenehm unterstützt und so reichlich eingeruht, daß er so, ohne zu lesen, völlig eingelassen in die Natur, in einem beinah unbewußten Anschaun verweilte.

Nach und nach erwachte seine Aufmerksamkeit über einem niegekannten Gefühl: es war, als ob aus dem Innern des Baumes fast unmerkliche Schwingungen in ihn übergingen; er legte sich das ohne Mühe dahin aus, daß ein weiter nicht sichtlicher, vielleicht den Hang flach herabstreichender Wind im Holz zur Geltung kam, obwohl er zugeben mußte, daß der Stamm zu stark schien, um von einem so geringen Wehen so nachdrücklich erregt zu sein. Was ihn überaus beschäftigte, war indessen nicht diese Erwägung oder eine ähnliche dieser Art, sondern mehr und mehr war er überrascht, ja ergriffen von der Wirkung, die jenes in ihn unaufhörlich Herüberdringende in ihm hervorbrachte: er meinte nie von leiseren Bewegungen erfüllt worden zu sein, sein Körper wurde gewissermaßen wie eine Seele behandelt und in den Stand gesetzt, einen Grad von Einfluß aufzunehmen, der bei der sonstigen Deutlichkeit leiblicher Verhältnisse eigentlich gar nicht hätte empfunden werden können.

Dazu kam, daß er in den ersten Augenblicken den Sinn nicht recht feststellen konnte, durch den er eine derartig feine und ausgebreitete Mitteilung empfing; auch war der Zustand, den sie in ihm herausbildete, so vollkommen und anhaltend, anders als alles andere, aber so wenig durch Steigerung über bisher Erfahrenes hinaus vorstellbar, daß er bei aller Köstlichkeit nicht daran denken konnte, ihn einen Genuß zu nennen.

Gleichwohl, bestrebt, sich gerade im Leisesten immer Rechenschaft zu geben, fragte er sich dringend, was ihm da geschehe, und fand fast gleich einen Ausdruck, der ihn befriedigte, vor sich hinsagend: er sei auf die andere Seite der Natur geraten. Wie im Traume manchmal, so machte ihm jetzt dieses Wort Freude und er hielt es für beinah restlos zutreffend. Überall und immer gleichmäßiger erfüllt mit dem in seltsam innigen Abständen wiederkehrenden Andrang, wurde ihm sein Körper unbeschreiblich rührend und nur noch dazu brauchbar, rein und vorsichtig in ihm dazustehen, genau wie ein Revenant, der, schon anderswo wohnend, in dieses zärtlich Fortgelegtgewesene wehmütig eintritt, um noch einmal, wenn auch zerstreut, zu der einst so unentbehrlich genommenen Welt zu gehören. Langsam um sich sehend, ohne sich sonst in der Haltung zu verschieben, erkannte er alles, erinnerte es, lächelte es gleichsam mit entfernter Zuneigung an, ließ es gewähren, wie ein viel Früheres, das einmal, in abgetanen Umständen, an ihm beteiligt war.

Einem Vogel schaute er nach, ein Schatten beschäftigte ihn, ja der bloße Weg, wie er da so hinging und sich verlor, erfüllte ihn mit einem nachdenklichen Einsehn, das ihm umso reiner vorkam, als er sich davon unabhängig wußte. *Wo* sonst sein Aufenthalt war, hätte er nicht zu denken vermocht, aber daß er zu diesem allen hier nur *zurückkehrte*, in diesem Körper stand, wie in der Tiefe eines verlassenen Fensters, hinübersehend: – davon war er ein paar Sekunden lang so überzeugt, daß die plötzliche Erscheinung eines Hausgenossen ihn auf das qualvollste erschüttert hätte, während er wirklich, in seiner Natur, darauf vorbereitet war, Polyxène oder Raimondine oder sonst einen Verstorbenen des Hauses aus der Wendung des Weges heraustreten zu sehn. Er begriff die stille Überzähligkeit ihrer Gestaltung, es war ihm vertraut, irdisch Gebildetes so flüchtig unbedingt verwendet zu sehn, der Zusammenhang ihrer Gebräuche verdrängte aus ihm jede andere Erziehung; er war sicher, unter sie bewegt, ihnen nicht aufzufallen.

Eine Vinca, die in seiner Nähe stand, und deren blauem Blick er wohl auch sonst zuweilen begegnet war, berührte ihn jetzt aus geistigerem Abstand, aber mit so unerschöpflicher Bedeutung, als ob nun nichts mehr zu verbergen sei. Überhaupt konnte er merken, wie sich alle Gegenstände ihm entfernter und zugleich irgendwie wahrer gaben, es mochte dies an seinem Blick liegen, der nicht mehr vorwärts gerichtet war und sich dort, im Offenen, verdünnte; er sah, wie über die Schulter, zu den Dingen zurück, und ihrem, für ihn abgeschlossenen Dasein kam ein kühner süßer Beigeschmack hinzu, als wäre alles mit einer Spur von der Blüte des Abschieds würzig gemacht. – Sich sagend von Zeit zu Zeit, daß dies nicht bleiben könne, fürchtete er gleichwohl nicht das

Aufhören des außerordentlichen Zustands, als ob von ihm, ähnlich wie von Musik, nur ein unendlich gesetzmäßiger Ausgang zu erwarten sei.

Auf einmal fing seine Stellung an, ihm beschwerlich zu sein, er fühlte den Stamm, die Müdigkeit des Buches in seiner Hand, und trat heraus. Ein deutlicher Wind blätterte jetzt in dem Baum, er kam vom Meer, die Büsche den Hang herauf wühlten in einander.

Hilde Domin

Windgeschenke

Die Luft ein Archipel
von Duftinseln.
Schwaden von Lindenblüten
und sonnigem Heu,
süß vertraut,
stehen und warten auf mich
als umhüllten mich Tücher,
von lange her
aus sanftem Zuhaus
von der Mutter gewoben.

Ich bin wie im Traum
und kann den Windgeschenken
kaum glauben.
Wolken von Zärtlichkeit
fangen mich ein,
und das Glück beißt
seinen kleinen Zahn
in mein Herz.

Mascha Kaléko

Erster Ferientag

Hinter Finkenwerder geht die Sonne auf. Zartgrüne Grasspitzen schimmern im frühen Licht. Weit drüben hinter den Schienen verklingt das Schnaufen der Lokomotive.

Diese Stille im Wald. Hast du je solchen Himmel gesehen?

Stunden später liegt die Sonne prall auf der Landstraße. Weiße Meilensteine blitzen auf. Alle paar Minuten knirscht ein Leiterwagen durch den körnigen Sand, zerknattern eilige Motorräder den klaren Morgen. Braungebrannte Burschen kommen mit Karren und Gerät, weizenfarbenes Haar hängt ihnen in die feuchte Stirn. Sie alle haben Werktag heute. Harter Werktag, aus dem wir kommen und in den wir zurück müssen, wenn uns die paar freien Tage entlaufen sein werden.

Nicht daran denken. Noch liegen die Tage vor uns wie weite reife Felder vor der Ernte. Wir haben Zeit, wir zwei. Die Welt blüht, du hast mich lieb und ich bin gerade Zwanzig. Die Stunden hinter uns haben noch nichts von dem bitteren Nachgeschmack des Gewesenen, es sind ja noch so viele da. Diese ersten Stunden. Schönste der Freuden: Vorfreude. Alles liegt noch so herrlich ungewiß vor uns, Weg, Wandern, Ziel. Nur eines ist gewiß: wir sind frei. Und ich weiß mich neben dir, wenn meine Füße über knorrigen Waldboden stolpern, wenn sie sammetweiche Wiesen, den scharfen Kies glühender Straßen spüren.

Sieh dich doch um. Niemand. Birke, blauer See und wir.

Um Mittag ist der zarte Frühling zu einem kräftigen Sommer herangewachsen, der sich auf allen Feldern breitmacht. Staubige Chausseen glühen. Wegarbeiter halten Mittagspause. Nach siedendschwarzem Teer riecht es und würziger Erbsensuppe. Heiß dampft es in blauen Emailletöpfen, kühl schäumt das braune Bier aus den Flaschen. Blechlöffel klappern. Mahlzeit ...

Ab und zu gibt es mitten auf dem Weg guten Grund zum Stehenbleiben. Pst, ein Eichhorn. Weg ist es. Da, ein Segelboot an der Grenze zwischen tiefem Blau des Wassers und verwaschener Himmel-Bläue ... Sonst aber wird den beiden welligen Schatten da vorn, dem riesenlangen mit dem eckigen Rucksackbuckel und dem zappeligen kleinen mit wehendem Schopf gehorsam nachgefolgt. Und wenn dieses Türmchen da oben und jenes kleine Dorf da unten nahebesehen nicht das halten, was sie versprochen, so daß man einander enttäuscht ins Gesicht sieht, wie Spielkameraden, denen der bunte Ball ins Wasser gefallen ist, dann heißt es vorwärts, weiter, und die Füße wissen Bescheid. Bleiben die letzten Bauernhöfe mit Stachelzaun und bissigem Hund zurück, so grüßt hinter dem nächsten Strohdach schon der neue Wald, der neue See, der schweigend zwischen knochenhageren Fichten blaut.

Es ist so gleich, welcher Name auf dem Bahnhofsschild steht. Meilensteine haben überhaupt nichts zu sagen, und wenn es einem gerade so einfällt, könnte man glatt im Freien übernachten. – Falls es dem Mädchen nicht zu kalt wird. Aber das Mädchen ist ein halber Junge. Trotz des buntgeblümten Sommerfähnchens und trotz des lächerlichen Leinenbeutels, den die Kleine für einen Rucksack ausgibt. Zimperlich ist sie nicht. Stapft darauf los wie ein organisierter Pfadfinder in den winzigen Fünfunddreißigern mit Gummiabsatz, und läßt sich diesen sogenannten Rucksack auch nicht einen Atemzug lang abnehmen, obgleich die schmalen Lederriemen über den Schultern einfach schneiden *müssen* ... [...]

Mittagsglut, die nicht weichen will. Die Schritte werden kleiner. Der Wind ist weit fort, hinter den Bäumen vielleicht. Die Vögel schlafen in der Müdigkeit dieses Sommertages.

»Du«, sagt sie etwas schüchtern, – beide Daumen hat sie schützend unter die kneifenden Rucksackriemen geschoben –, »ich kannte mal einen, der sagte, wenn es so heiß wurde wie jetzt: ›So nun wird gerastet!‹«

Das kann ihr werden. Auch ein Schluck aus der Himbeerflasche wird bewilligt. »Was hältst du von dem Wald da drüben?«

– »Mehr Gegend als Natur.« Also weiter. Den kleinen Abhang links erklärt sie für eine »Entdeckung«. Farnkraut gäbe es, Zittergras und einen Saum von echtestem Laubwald. Ein paar Eichen auf dem »Gipfel« bemühen sich, majestätisch auszusehen. Und die kleine Wiese mit rosa Kleeblüten. Und Laternenblumen, die sich auspusten lassen. Löwenzahn darf nicht gepflückt werden. Bekanntlich. Weil man davon blind wird. In der Ferne gelbe Äcker, braune Äcker, grüne Äcker, hohe Weizenfelder und – kein Aussichtsturm! Ganz versteckt rieselt ein winziges Wässerchen, das auf der Karte mindestens lebensgroß gezeichnet ist.

»Und von hier aus, meine sehr verehrten Herrschaften, sehen Sie das idyllisch gelegene ...«

– Was habe ich? Keine Ehrfurcht vor der Natur?! Stimmt ...

Ich finde sie herrlich und habe sie lieb. Und hast du schon mal erlebt, daß man vor Leuten, die man lieb hat, »Ehrfurcht« empfindet? – So. Leider nein? – Hör auf, alter Pauker, an dir ist ein Oberlehrer verlorengegangen, du solltest den ehrlichen Finder veranlassen, ihn gegen eine entsprechende Belohnung wieder abzugeben. Sieh mal da unten die ziegelrote kleine Kirche, steht das ganze Dörfchen nicht da wie frisch aus »Ankers Steinbaukasten«?

Das Mittagessen hat eine sonderbare Speisenfolge, nichtsdestoweniger: die Servietten hat sie nicht vergessen. Zum Nachtisch fördert sie mit großzügiger Geste eine Packung Mokka-Krokant, kläglich weichgeschmolzen, aus der Tiefe des »Rucksacks«. Da aber ist für ihn die Stunde gekommen, sie mit einer Tüte luxuriöser Frühkirschen zu verblüffen.

Es geht einem verdammt gut, wenn man auf so einer richtigen Wiese lang daliegen kann, Arme unterm Kopf, Nase in die Luft. Man kann die Beine baumeln lassen und den wolkigen Profilen am Himmel Namen geben, das zerfetzte da oben rechts mit der Papageiennase sieht aus wie die intrigante Kollegin aus Abteilung III, wenn sie wütend wird.

»Die mit dem gefärbten Haar?«

»Ja, die!«

Es geht einem verdammt gut, wenn man auf einer richtigen Sommerwiese liegen darf, blauen Rauch in die Luft paffen und in engbeschriebenen Blättern kramen ...

»Was liest du da? Mal sehen.«

> Dieser Tag ist wie ein Blütenstrauß,
> Schönstes Phantasiegeschenk der Träume.
> Durch das Blätternetz erwachter Bäume
> Wirft der Himmel blaue Bänder aus ...

»Von wem?« fragt sie schnell. »Hübsch!« – Und dann, etwas kriegerisch: »Was ich daran hübsch finde? – Ist doch nett gesagt: ›Durch das Blätternetz‹ … oder wie das so geht – ›wirft der Himmel blaue Bänder aus‹. Findstu nich? Na, dann versuch du mal, das schöner zu sagen, Herr Nörgler. Wie bitte? Das ist von dir? Na, nun laß mich aber, bitte, mal ernst bleiben. Fang nur an, poetisch zu werden. Fehlte gerade noch.«

– »Wenn ich gräßlich bin, kann ich ja gehen. Hast du eben das Eichhorn gesehn, klar war das ein Eichhorn!«

Dann gibt es Himbeerdrops und anschließend eine kleine Pause.

Himmel, Bäume, kleine Wolkenprofile, Gesurr zwischen den Halmen.

Sieh dir bloß mal den Himmel an!

»Mensch«, sagt sie plötzlich, »Mensch, wenn du keinem was weitersagst, will ich dir was verraten: ich bin unverschämt glücklich.

Im Büro machen sie jetzt die Monatsstatistik, und ich liege da und knabbere Grashalme an. Diesmal schreibe ich keinem von unterwegs. Pah! – Höchstens 'ne Ansichtskarte für meinen Chef. War doch anständig, mir die drei überzähligen Tage glatt hinzuzuschenken, wie? Ich habe ausgerechnet, wenn wir die Zeit richtig nutzen, habe ich knapp 280 Stunden Urlaub. Allerhand, was? Die Nächte gar nicht mitgerechnet. Natürlich. Man schläft doch ganz anders ohne die Angst vor dem Wecker am Morgen.«

– Spät ist es geworden. Unten im Dorfe geht der Abend langsam durch die Straßen und rastet in den kleinen Gärten vor kalkweißen Häuschen. Geranien flammen auf vor winzigen Fenstern im letzten Schein der Sonne. Groß leuchten die gelben Scheiben der Sonnenblumen hinterm Zaun. Ein weicher Wind führt den Duft von Sommer und reifenden Früchten durch die Luft und macht so müde.

Im Gasthof ist niemand. Nur die rundliche Magd in blauem Kattun zerreißt mit dem Klappern ihrer Holzpantoffeln die abendliche Stille. Die Milch im dicken Glas schmeckt kühl und echt. »Kuckuck« sagt eine altmodische Holzuhr an der Wand. Dann ist es wieder ruhig. Ab und zu fallen durch das geöffnete Fenster ein paar abgerissene Worte herein; Bauern sitzen mit der Pfeife auf der Bank vorm Haus.

Sagtest du etwas?

... Ein Tag ging vorbei. Der erste Tag. Vielleicht der schönste.

Joachim Ringelnatz

Der Abenteurer

»Abenteurer, wo willst du hin?«

Quer in die Gefahren,
Wo ich vor tausend Jahren
Im Traume gewesen bin.

Ich will mich treiben lassen
In Welten, die nur ein Fremder sieht.
Ich möchte erkämpfen, erfassen,
Erleben, was anders geschieht.

Ein Glück ist niemals erreicht.
Mich lockt ein fernstes Gefunkel,
Mich lockt ein raunendes Dunkel
Ins nebelhafte Vielleicht.

Was ich zuvor besessen,
Was ich zuvor gewußt,
Das will ich verlieren, vergessen. –
Ich reise durch meine eigene Brust.

3

ETAPPENZIEL SEELENRUHE

*Philosophie ist die Tätigkeit,
die durch Argumentation und Diskussion
das glückselige Leben schafft.*

Epikur

Sigmund Freud

Das Glück der Ruhe

🍂

Die Frage nach dem Zweck des menschlichen Lebens ist ungezählte Male gestellt worden; sie hat noch nie eine befriedigende Antwort gefunden, läßt eine solche vielleicht überhaupt nicht zu. Manche Fragesteller haben hinzugefügt: wenn sich ergeben sollte, daß das Leben keinen Zweck hat, dann würde es jeden Wert für sie verlieren. Aber diese Drohung ändert nichts. Es scheint vielmehr, daß man ein Recht dazu hat, die Frage abzulehnen. Ihre Voraussetzung scheint jene menschliche Überhebung, von der wir soviel andere Äußerungen bereits kennen.

Von einem Zweck des Lebens der Tiere wird nicht gesprochen, wenn deren Bestimmung nicht etwa darin besteht, dem Menschen zu dienen. Allein auch das ist nicht haltbar, denn mit vielen Tieren weiß der Mensch nichts anzufangen – außer, daß er sie beschreibt, klassifiziert, studiert –, und ungezählte Tierarten haben sich auch dieser Verwendung entzogen, indem sie lebten und ausstarben, ehe der Mensch sie gesehen hatte. Es ist wiederum nur die Religion, die die Frage nach einem Zweck des Lebens zu beantworten weiß. Man wird kaum irren zu entscheiden, daß die Idee eines Lebenszweckes mit dem religiösen System steht und fällt.

Wir wenden uns darum der anspruchsloseren Frage zu, was die Menschen selbst durch ihr Verhalten als Zweck und Absicht ihres Lebens erkennen lassen, was sie vom Leben fordern, in ihm erreichen wollen. Die Antwort darauf ist kaum zu verfehlen; sie streben nach dem Glück, sie wollen glücklich werden und so bleiben. Dies Streben hat zwei Seiten, ein positives und ein negatives Ziel, es will einerseits die Abwesenheit von Schmerz und Unlust, anderseits das Erleben starker Lustgefühle. Im engeren Wortsinne wird »Glück« nur auf das letztere bezogen. Entsprechend dieser Zweiteilung der Ziele entfaltet sich die Tätigkeit der Menschen nach zwei Richtungen, je nachdem sie das eine oder das andere dieser Ziele – vorwiegend oder selbst ausschließlich – zu verwirklichen sucht.

Es ist, wie man merkt, einfach das Programm des Lustprinzips, das den Lebenszweck setzt. Dies Prinzip beherrscht die Leistung des seelischen Apparates vom Anfang an; an seiner Zweckdienlichkeit kann kein Zweifel sein, und doch ist sein Programm im Hader mit der ganzen Welt, mit dem Makrokosmos ebensowohl wie mit dem Mikrokosmos. Es ist überhaupt nicht durchführbar, alle Einrichtungen des Alls widerstreben ihm; man möchte sagen, die Absicht, daß der Mensch »glücklich« sei, ist im Plan der »Schöpfung« nicht enthalten.

Was man im strengsten Sinne Glück heißt, entspringt der eher plötzlichen Befriedigung hoch aufgestauter Bedürfnisse und ist seiner Natur nach nur als episodisches Phänomen möglich. Jede Fortdauer einer vom Lustprinzip ersehnten Situation ergibt nur ein Gefühl von lauem Behagen; wir sind so eingerichtet, daß wir nur den Kontrast intensiv genießen können, den Zustand nur sehr wenig. Somit sind unsere Glücksmöglichkeiten schon durch unsere Konstitution beschränkt.

Weit weniger Schwierigkeiten hat es, Unglück zu erfahren. Von drei Seiten droht das Leiden, vom eigenen Körper her, der, zu Verfall und Auflösung bestimmt, sogar Schmerz und Angst als Warnungssignale nicht entbehren kann, von der Außenwelt, die mit übermächtigen, unerbittlichen, zerstörenden Kräften gegen uns wüten kann, und endlich aus den Beziehungen zu anderen Menschen. Das Leiden, das aus dieser Quelle stammt, empfinden wir vielleicht schmerzlicher als jedes andere; wir sind geneigt, es als eine gewissermaßen überflüssige Zutat anzusehen, obwohl es nicht weniger schicksalsmäßig unabwendbar sein dürfte als das Leiden anderer Herkunft.

Kein Wunder, wenn unter dem Druck dieser Leidensmöglichkeiten die Menschen ihren Glücksanspruch zu ermäßigen pflegen, wie ja auch das Lustprinzip selbst sich unter dem Einfluß der Außenwelt zum bescheideneren Realitätsprinzip umbildete, wenn man sich bereits glücklich preist, dem Unglück entgangen zu sein, das Leiden überstanden zu haben, wenn ganz allgemein die Aufgabe der Leidvermeidung die der Lustgewinnung in den Hintergrund drängt.

Die Überlegung lehrt, daß man die Lösung dieser Aufgabe auf sehr verschiedenen Wegen versuchen kann; alle diese Wege sind von den einzelnen Schulen der Lebensweisheit empfohlen und von den Menschen begangen worden. Uneingeschränkte Befriedigung aller Bedürfnisse drängt sich als die verlockendste Art der Lebensführung vor, aber das heißt den Genuß vor die Vorsicht setzen und straft sich nach kurzem Betrieb.

Die anderen Methoden, bei denen die Vermeidung von Unlust die vorwiegende Absicht ist, scheiden sich je nach der Unlustquelle, der sie die größere Aufmerksamkeit zuwenden. Es gibt da extreme und gemäßigte Verfahren, einseitige und solche, die zugleich an mehreren Stellen angreifen. Gewollte Vereinsamung, Fernhaltung von den anderen ist der nächstliegende Schutz gegen das Leid, das einem aus menschlichen Beziehungen erwachsen kann.

Man versteht; das Glück, das man auf diesem Weg erreichen kann, ist das der Ruhe. Gegen die gefürchtete Außenwelt kann man sich nicht anders als durch irgendeine Art der Abwendung verteidigen, wenn man diese Aufgabe für sich allein lösen will. Es gibt freilich einen anderen und besseren Weg, indem man als ein Mitglied der menschlichen Gemeinschaft mit Hilfe der von der Wissenschaft geleiteten Technik zum Angriff auf die Natur übergeht und sie menschlichem Willen unterwirft. Man arbeitet dann mit allen am Glück aller.

Epikur

Wählen und Meiden

Ferner ist zu beachten, daß die Begierden teils natürliche, teils nichtige sind. Von den natürlichen wiederum sind die einen notwendig, die anderen bloß natürlich. Von den notwendigen endlich sind die einen notwendig zur Glückseligkeit, die anderen zur Ungestörtheit des Leibes, die dritten zum Leben überhaupt.

Eine unverwirrte Betrachtung dieser Dinge weiß jedes Wählen und Meiden zurückzuführen auf die Gesundheit des Leibes und die Beruhigtheit der Seele; denn dies ist die Erfüllung des seligen Lebens. Um dessentwillen tun wir nämlich alles: damit wir weder Schmerz noch Verwirrung empfinden. Sobald einmal dies an uns geschieht, legt sich der ganze Sturm der Seele. Das Lebewesen braucht sich dann nicht mehr aufzumachen nach etwas, was ihm noch fehlte, und nach etwas anderem zu suchen, durch das das Wohlbefinden von Seele und Leib erfüllt würde. Dann nämlich bedürfen wir der Lust, wenn uns die Abwesenheit der Lust schmerzt. Wenn uns aber nichts schmerzt, dann bedürfen wir der Lust nicht mehr.

Darum nennen wir auch die Lust Anfang und Ende des seligen Lebens. Denn sie haben wir als das erste und angeborene Gut erkannt, von ihr aus beginnen wir mit allem Wählen und Meiden, und auf sie greifen wir zurück, indem wir mit der Empfindung als Maßstab jedes Gut beurteilen. Und eben weil sie das erste und angeborene Gut ist, darum wählen wir auch nicht jede Lust, sondern es kommt vor, daß wir über viele Lustempfindungen hinweggehen, wenn sich für uns aus ihnen ein Übermaß an Lästigem ergibt.

Wir ziehen auch viele Schmerzen Lustempfindungen vor, wenn uns auf das lange dauernde Ertragen der Schmerzen eine größere Lust nachfolgt. Jede Lust also, da sie eine uns angemessene Natur hat, ist ein Gut, aber nicht jede ist zu wählen; wie auch jeder Schmerz ein Übel ist, aber nicht jeder muß natürlicherweise immer zu fliehen sein. Durch wechselseitiges Abmessen und durch die Beachtung des Zuträglichen und Abträglichen vermag man dies alles zu beurteilen. Denn zu gewissen Zeiten gehen wir mit dem Gut um wie mit einem Übel und mit dem Übel wiederum wie mit einem Gute.

Wir halten auch die Selbstgenügsamkeit für ein großes Gut, nicht um uns in jedem Falle mit Wenigem zu begnügen, sondern damit wir, wenn wir das Viele nicht haben, mit dem Wenigen auskommen, in der echten Überzeugung, daß jene den Überfluß am süßesten genießen, die seiner am wenigsten bedürfen, und daß alles Naturgemäße leicht, das Sinnlose aber schwer zu beschaffen ist, und daß bescheidene Suppen ebensoviel Lust erzeugen wie ein üppiges Mahl, sowie einmal aller schmerzende Mangel beseitigt ist, und daß Wasser und Brot die höchste Lust zu verschaffen vermögen, wenn einer sie aus Bedürfnis zu sich nimmt.

Sich also zu gewöhnen an einfaches und nicht kostspieliges Essen verschafft nicht nur volle Gesundheit, sondern macht den Menschen auch unbeschwert gegenüber den notwendigen Verrichtungen des Lebens, bringt uns in eine zufriedenere Verfassung, wenn wir in Abständen uns einmal an eine kostbare Tafel begeben, und erzeugt Furchtlosigkeit vor den Wechselfällen des Zufalls.

Wenn wir also sagen, daß die Lust das Lebensziel sei, so meinen wir nicht die Lüste der Wüstlinge und das bloße Genießen, wie einige aus Unkenntnis und weil sie mit uns nicht übereinstimmen oder weil sie uns mißverstehen, meinen, sondern wir verstehen darunter, weder Schmerz im Körper noch Beunruhigung in der Seele zu empfinden. Denn nicht Trinkgelage und ununterbrochenes Schwärmen und nicht Genuß von Knaben und Frauen und von Fischen und allem anderen, was ein reichbesetzter Tisch bietet, erzeugt das lustvolle Leben, sondern die nüchterne Überlegung, die die Ursachen für alles Wählen und Meiden erforscht und die leeren Meinungen austreibt, aus denen die schlimmste Verwirrung der Seele entsteht.

Für all dies ist der Anfang und das größte Gut die Einsicht. Darum ist auch die Einsicht noch kostbarer als die Philosophie. Aus ihr entspringen alle übrigen Tugenden, und sie lehrt, daß es nicht möglich ist, lustvoll zu leben ohne verständig, schön und gerecht zu leben, noch auch verständig, schön und gut, ohne lustvoll zu leben. Denn die Tugenden sind von Natur verbunden mit dem lustvollen Leben, und das lustvolle Leben ist von ihnen untrennbar.

Epiktet

Es liegt bei uns

Nicht die Dinge selbst, sondern die Meinungen von den Dingen beunruhigen die Menschen. So ist z. B. der Tod nichts Schreckliches, sonst wäre er auch dem Sokrates so erschienen; sondern die Meinung von dem Tode, daß er etwas Schreckliches sei, das ist das Schreckliche. Wenn wir nun auf Hindernisse stoßen oder beunruhigt oder bekümmert sind, so wollen wir niemals einen andern anklagen, sondern uns selbst, das heißt: unsere eigenen Meinungen. – Sache des Unwissenden ist es, andere wegen seines Mißgeschicks anzuklagen; Sache des Anfängers in der Weisheit, sich selbst anzuklagen; Sache des Weisen, weder einen anderen noch sich selbst anzuklagen. [...]

Fange also mit geringfügigen Dingen an. Man verschüttet dir dein bißchen Öl, man stiehlt dir dein Restchen Wein. Denke dabei: »So teuer kauft man Gelassenheit, so teuer Gemütsruhe.« Umsonst bekommt man nichts.

Wenn du deinen Knecht herbeirufst, so denke: »Es kann sein, daß er es nicht gehört hat«, und wenn er es gehört hat, daß er nichts von dem tut, was du haben willst. Aber so gut soll er es nicht haben, daß deine Gemütsruhe in seine Willkür gestellt wäre.

Alain

Schlechte Laune

🍎

Dem System der Gereiztheit und Ungeduld nach gibt es nichts Besseres, als sich kratzen. Sich kratzen heißt aber, die Partei des Übels ergreifen und sich an sich selber rächen. Das Kind versucht es zuerst mit dieser Methode; es schreit, weil es schreit; es wird zornig darüber, daß es zornig ist; und es tröstet sich mit dem Vorsatz, sich nicht trösten zu lassen. Also zu schmollen. Denen, die man liebt, Kummer zu machen. Um sich selber zu bestrafen, sie bestrafen. Aus Scham über seine Unwissenheit sich vornehmen, überhaupt nichts mehr zu lesen. Seinen Eigensinn darein setzen, eigensinnig zu sein. Mit Entrüstung husten. Keine Beleidigung vergessen; sich das, was verwundet und demütigt, mit der Kunst des Schauspielers immer wieder vorsagen. Alles nach der Regel interpretieren, daß mit Sicherheit das Schlimmste wahr ist. Überall Bosheit sehen und sich damit selber zur Bosheit verurteilen. Ohne Zutrauen etwas anfangen und, wenn die Sache schiefgegangen ist, sich sagen: »Ich habe es ja gewußt. Ich habe eben kein Glück.« Überall ein gelangweiltes Gesicht aufsetzen und die anderen langweilig finden. Alles tun, um zu mißfallen, und sich dann darüber wundern, daß man mißfällt. Sich am Schlafen hindern, indem man verzweifelt den

Schlaf sucht. An keine Freude glauben; allem gegenüber ein trauriges Gesicht aufsetzen. Sich aus der schlechten Laune einen Charakter machen. In dieser Verfassung dann über sich selber zu Gericht sitzen. Sich sagen: »Ich bin schüchtern; ich bin ungeschickt; ich habe ein schlechtes Gedächtnis.« Sich gleichsam häßlich machen und dann in den Spiegel sehen. Das sind die Fallstricke, welche die schlechte Laune für uns bereit hält.

Darum sehe ich keineswegs auf jemand herab, der sagt: »Eine schöne, trockene Kälte; nichts ist gesunder.« Denn was könnte er Besseres tun? Sich die Hände reiben, wenn ein eisiger Nordost bläst, ist doppelt gut. Der Instinkt wird hier zur Weisheit; die natürliche Körperreaktion rät uns durchaus richtig; denn es gibt nur eine Art, sich gegen die Kälte zu wehren, und das ist die, sich darüber zu freuen.

Wie Spinoza, ein Lehrer der Freude, sagte: »Ich freue mich nicht, weil mir wieder warm wird, sondern mir wird wieder warm, weil ich mich freue.« Ähnlich sollte man sich immer sagen: »Ich freue mich nicht, weil ich Erfolg gehabt habe, sondern ich habe Erfolg gehabt, weil ich mich freute.« Wer Freude sucht, tut deshalb gut, sich zuerst einen Vorrat an Freude anzulegen. Gewissermaßen: danken, bevor man bekommen hat. Denn die Hoffnung befördert die Gründe zur Hoffnung, und das günstige Vorzeichen läßt die Sache eintreten. Deshalb sollte uns alles zum günstigen Vorzeichen werden.

»Wenn du willst, verkündet dir der Rabe Glück«, sagt Epiktet. Er will damit nicht nur sagen, daß man sich über alles freuen soll, vielmehr, daß Hoffnung, weil sie den Lauf der Dinge beeinflußt und verändert, tatsächlich aus allem einen Grund zur Freude macht. Wenn man also einem Langweiligen begegnet, der immer auch ein Gelangweilter ist, muß man als erstes lächeln. Wenn man will, daß der Schlaf kommt, muß man dem Schlaf vertrauen. Kurz, kein Mensch hat auf Erden einen schlimmeren Feind als sich selbst.

Ich entwarf weiter oben das Porträt eines bestimmten Verrückten. Aber die Verrückten sind nur unsere Irrtümer durchs Vergrößerungsglas gesehen. Der geringste Anfall schlechter Laune stellt eine gemilderte Form von Verfolgungswahn dar. Ich streite zwar nicht ab, daß diese Art von Verrücktheit mit einer nicht wahrnehmbaren Beschädigung des Nervensystems zusammenhängt; denn jede Gereiztheit gräbt sich schließlich ein. Ich betrachte in den Verrückten nur das, was uns zur Lehre gereichen kann, und das ist jener fürchterliche Irrtum, den sie uns durchs Vergrößerungsglas gesehen zeigen. Die Armen stellen sich selber die Frage und geben sich selber die Antwort; sie bestreiten das ganze Drama allein. Eine Art magischer Beschwörung, welche immer Erfolg hat. Man muß nur wissen, warum.

Michel de Montaigne
Man muß sich selbst ein Freund sein

🍂

Wenn man mir zuweilen die Führung fremder Geschäfte aufdrängte, so versprach ich, sie zur Hand zu nehmen, nicht zu Herzen und Nieren; sie mir aufzuladen, nicht sie mir in Fleisch und Blut übergehen zu lassen; mich ihrer anzunehmen, gewiß, doch keineswegs, mich dafür zu ereifern: ich habe ein Auge darauf, doch ich brüte nicht darüber. Ich habe genug damit zu tun, das Getümmel im eigenen Hause, das mir in den Eingeweiden und Adern liegt, zu ordnen und zu lenken, ohne darin noch ein fremdes Gedränge zuzulassen, das mich erdrückt; ich bin genugsam mit meinen wesentlichen eigenen und natürlichen Anliegen beschäftigt, ohne mir noch andere und fremde auf den Hals zu laden. Wer da weiß, wie viel er sich schuldet und wie viele Pflichten er gegen sich selbst zu erfüllen hat, der findet, daß die Natur ihm damit ein Amt gegeben hat, das ihn hinlänglich ausfüllt, und nicht eine müßige Pfründe. Du hast mit dir selber genug zu tun, schweife nicht ins Weite!

Die Menschen geben sich in Miete. Ihre Fähigkeiten gehören nicht mehr ihnen, sondern denen, an die sie sich verdingen; ihre Mietsherren sind bei ihnen zu Hause, nicht sie. Diese übliche Art mißfällt mir: wir müssen mit der Freiheit unserer Seele haushälterisch umgehen und sie nur bei gerechten Anlässen aufs Spiel setzen; deren aber sind gar wenige, wenn wir sie recht bedenken.

Seht nur die Leute, die darauf eingedrillt sind, sich ergreifen und hinreißen zu lassen; sie tun es überall, in kleinen Dingen wie in großen, in dem, was sie nichts angeht, wie in dem, was sie angeht; sie spannen sich ohne Unterschied überall ein, wo sie eine Plackerei und Pflicht finden können, und sie sind ohne Leben, wenn sie ohne diese aufgeregte Betriebsamkeit sind. In negotiis sunt negotii causa: Sie suchen die Geschäfte nur um der Geschäftigkeit willen. Es ist nicht, daß sie gehen wollen, sondern mehr noch, daß sie nicht ruhig sitzen können. Nicht mehr und nicht weniger als ein ins Fallen geratener Stein, der nicht innehält, bis er sich hinlegt.

Die Geschäftigkeit ist für eine gewisse Art Leute das Merkmal der Tüchtigkeit und der Würde. Ihr Geist sucht seine Ruhe im Hin und Her, wie das Kind in der Wiege. Sie können sagen, daß sie ebenso dienstfertig für ihre Freunde, wie lästig für sich selber sind. Niemand verschleudert sein Geld an andre, jedermann verschleudert seine Zeit und sein Leben; mit nichts gehen wir so verschwenderisch um wie mit diesen Dingen, mit denen zu geizen der einzige nützliche und löbliche Geiz wäre.

Ich bin ganz anderen Sinnes geworden. Ich halte mich an mich und begehre gemeinhin nur lässig, was ich begehre, und begehre wenig; beschäftige und ereifere mich ebenso: selten und gemächlich. Alles, was jene wollen und betreiben, tun sie mit Aufwand all ihres Wollens und Ungestüms. Es gibt so viele Fußangeln, daß man, um sicher zu gehen, ein wenig leichten und oberflächlichen Schrittes durch die Welt gehen muß. Man muß darüber hingleiten, nicht darin einsinken. […]

Ich glaube, daß es im Tempel der Pallas, wie wir es in allen übrigen Religionen sehen, äußere Geheimnisse gab, die dem Volk zur Schau gestellt wurden, und andere, verborgenere und höhere Geheimnisse, die nur den Eingeweihten offenbart zu werden bestimmt waren. Es ist wahrscheinlich, daß unter diesen sich auch das wahre Gesetz der Freundschaft findet, die man sich selber schuldet. Nicht eine falsche Freundschaft, die uns mit vornehmlicher und maßloser Gier nach dem Ruhm, nach der Wissenschaft, nach dem Reichtum und dergleichen Dingen jagen läßt, als wären es Stücke unseres Wesens; noch eine weichliche und zudringliche Freundschaft, mit der es geht wie mit dem Efeu, der die Mauer, an die er sich schmiegt, zerfrißt und zerfallen läßt; sondern eine heilsame und besonnene Freundschaft, nützlich und angenehm zugleich. Wer ihre Pflichten kennt und tut, der sitzt wahrhaft im Rate der Musen; er hat den Gipfel der menschlichen Weisheit und unseres Glückes erreicht. Weil er genau weiß, was er sich selbst schuldig ist, findet er in seiner Rolle auch vorgeschrieben, daß er der Dienste anderer Menschen und der Welt bedürfe und zu diesem Ende der öffentlichen Gesellschaft die Dienste und Handreichungen besteuern muß, die ihn betreffen.

Wer überhaupt nicht für andere lebt, der lebt auch kaum für sich. »Wisse, wer sich selbst freund ist, der ist allen freund.« (Seneca) Die oberste Aufgabe, zu der wir berufen sind, ist für jeden die Führung des eigenen Lebens; und dies ist es, wofür wir hier sind.

Platon

Der goldene Draht

DER ATHENER: Und längst sind wir ja doch schon dahin übereingekommen daß sittlich tüchtig Diejenigen seien welche sich selbst zu beherrschen vermögen, und schlecht die welche es nicht vermögen.

KLEINIAS: Sehr richtig gesprochen.

DER ATHENER: Wir wollen nun noch einmal was wir eben mit diesem Satze meinen genauer in Betracht ziehen. Und erlaubt mir daß ich euch dies, wenn es mir gelingen will, durch ein Gleichnis deutlich mache.

KLEINIAS: Sprich nur.

DER ATHENER: Setzen wir nicht Jeden von uns an sich als Einen?

KLEINIAS: Ja.

DER ATHENER: Aber so daß er in sich selbst zwei entgegengesetzte und unvernünftige Ratgeber trägt, welche wir Lust und Schmerz nennen?

KLEINIAS: So ist es.

DER ATHENER: Und zu diesen beiden ferner noch Vorstellungen über das Zukünftige, deren gemeinsamer Name Erwartung ist, und von denen die Erwartung eines Schmerzes den besonderen Namen Furcht und die des Gegenteils den besonderen Hoffnung führt? Und zu dem Allen kommt denn endlich die vernünftige Überlegung darüber, was von demselben das Bessere und was das Schlimmere ist, und diese heißt, so bald sie zur (einhelligen) Meinung des Staates erhoben ist, Sitte und Gesetz.

KLEINIAS: Nur mit Mühe zwar folge ich dir noch, indessen fahre fort, als ob ich dir folgte.

DER ATHENER: So wollen wir uns denn die Sache folgendermaßen vorstellen. Wir wollen jedes von uns lebendigen Wesen als eine sogenannte Marionette ansehen, welche die Götter, sei es bloß zu ihrem Spielzeug, sei es zu einem ernsteren Zwecke, gebildet haben, denn das wissen wir so recht eigentlich nicht. Das aber wissen wir, daß die eben genannten Regungen in uns gleichsam wie innere Drähte oder Schnüre uns leiten und, wie sie (selbst) einander entgegengesetzt sind, (auch) einander entgegenwirkend uns zu entgegengesetzten Handlungen hinziehen, und daß eben hierin der Unterschied von Tugend und Laster beschlossen liegt. Einem dieser Züge nun, sagt die Vernunft, müsse ein Jeder folgen, sich nie von ihm losmachen und dagegen dem aller anderen Drähte widerstreben, und dies sei die goldene und heilige Leitung der vernünftigen Überlegung, welche auch den Namen des gemeinsamen Staatgesetzes führt; die andern Drähte seien hart und eisern, dieser hingegen, weil er von Gold ist, geschmeidig, und überdies seien die anderen auch unter sich selbst wieder von der verschiedensten Art. Man müsse demnach jener schönsten Leitung, welche eben das Gesetz ausübt, stets zu Hülfe kommen; denn da die vernünftige Überlegung zwar eine schöne, aber auch eine milde und nicht gewaltsame Führerin ist, so bedürfe sie auch der Unterstützung, damit der goldene Draht in uns aller anderen Drähte Herr werde.

Arthur Schopenhauer

Sein und Haben

Aristoteles hat (Eth. Nicom. I, 8.) die Güter des menschlichen Lebens in drei Klassen geteilt, – die äußeren, die der Seele und die des Leibes. Hievon nun nichts, als die Dreizahl beibehaltend sage ich, daß was den Unterschied im Lose der Sterblichen begründet sich auf drei Grundbestimmungen zurückführen läßt. Sie sind:

1. Was einer *ist*: also die Persönlichkeit, im weitesten Sinne. Sonach ist hierunter Gesundheit, Kraft, Schönheit, Temperament, moralischer Charakter, Intelligenz und Ausbildung derselben begriffen.
2. Was einer *hat*: also Eigentum und Besitz in jeglichem Sinne.
3. Was einer *vorstellt*: unter diesem Eindruck wird bekanntlich verstanden, was er in der Vorstellung anderer ist, also eigentlich wie er von ihnen *vorgestellt* wird. Es besteht demnach in ihrer Meinung von ihm, und zerfällt in Ehre, Rang und Ruhm.

Die unter der ersten Rubrik zu betrachtenden Unterschiede sind solche, welche die Natur selbst zwischen Menschen gesetzt hat; woraus sich schon abnehmen läßt, daß der Einfluß derselben auf ihr Glück, oder Unglück, viel wesentlicher und durchgreifender sein werde, als was die bloß aus menschlichen Bestimmungen hervorgehenden, unter den zwei folgenden Rubriken angegebenen Verschiedenheiten herbeiführen.

Zu den *echten persönlichen Vorzügen*, dem großen Geiste, oder großen Herzen, verhalten sich alle Vorzüge des Ranges, der Geburt, selbst der königlichen, des Reichtums u. dgl. wie die Theaterkönige zu den wirklichen. Schon Metrodorus, der erste Schüler Epikurs, hat ein Kapitel überschrieben: Daß die Ursache der Glückseligkeit, die bei uns liegt, größer ist als die, welche aus Dingen entsteht. Und allerdings ist für das Wohlsein des Menschen, ja, für die ganze Weise seines Daseins, die Hauptsache offenbar das, was in ihm selbst besteht, oder vorgeht. Hier nämlich liegt unmittelbar sein inneres Behagen, oder Unbehagen, als welches zunächst das Resultat seines Empfindens, Wollens und Denkens ist; während alles außerhalb Gelegene doch nur mittelbar darauf Einfluß hat.

Daher affizieren dieselben äußern Vorgänge, oder Verhältnisse, jeden ganz anders, und bei gleicher Umgebung lebt doch jeder in einer andern Welt. Denn nur mit seinen eigenen Vorstellungen, Gefühlen und Willensbewegungen hat er es unmittelbar zu tun: die Außendinge haben nur, sofern sie diese veranlassen, Einfluß auf ihn.

Die Welt, in der jeder lebt, hängt zunächst ab von seiner Auffassung derselben, richtet sich daher nach der Verschiedenheit der Köpfe: dieser gemäß wird sie arm, schal und flach, oder reich, interessant und bedeutungsvoll ausfallen. Während z. B. mancher den andern beneidet um die interessanten Begebenheiten, die ihm in seinem Leben aufgestoßen sind, sollte er ihn vielmehr um die Auffassungsgabe beneiden, welche jenen Begebenheiten die Bedeutsamkeit verlieh, die sie in seiner Beschreibung haben: denn dieselbe Begebenheit, welche in einem geistreichen Kopfe sich so interessant darstellt, würde, von einem flachen Alltagskopf aufgefaßt, auch nur eine schale Szene aus der Alltagswelt sein. [...]

Denn die höchsten, die mannigfaltigsten und die anhaltendsten Genüsse sind die geistigen; wie sehr auch wir, in der Jugend, uns darüber täuschen mögen, diese aber hängen hauptsächlich von der geistigen Kraft ab. – Hieraus also ist klar, wie sehr unser Glück abhängt von dem, was wir sind, von unserer Individualität; während man meistens nur unser Schicksal, nur das, was wir haben, oder was wir vorstellen, in Anschlag bringt. Das Schicksal aber kann sich bessern: zudem wird man, bei innerm Reichtum, von ihm nicht viel verlangen: hingegen ein Tropf bleibt ein Tropf, ein stumpfer Klotz ein stumpfer Klotz, bis an sein Ende, und wäre er im Paradiese und von Huris umgeben. Deshalb sagt Goethe:

> Volk und Knecht und Überwinder,
> Sie gestehn, zu jeder Zeit,
> Höchstes Glück der Erdenkinder
> Sei nur die Persönlichkeit.
> *W. Ö. Divan*

Daß für unser Glück und unsern Genuß das Subjektive ungleich wesentlicher, als das Objektive sei, bestätigt sich in allem: von dem an, daß Hunger der beste Koch ist und der Greis die Göttin des Jünglings gleichgültig ansieht, bis hinauf zum Leben des Genies und des Heiligen. Besonders überwiegt die Gesundheit alle äußern Güter so sehr, daß wahrscheinlich ein gesunder Bettler glücklicher ist, als ein kranker König. Ein aus vollkommener Gesundheit und glücklicher Organisation hervorgehendes, ruhiges und heiteres Temperament, ein klarer, lebhafter, eindringender und richtig fassender Verstand, ein gemäßigter, sanfter Wille und demnach ein gutes Gewissen, dies sind Vorzüge, die kein Rang oder Reichtum ersetzen kann. Denn was einer für sich selbst ist, was ihn in die Einsamkeit begleitet und was keiner ihm geben, oder nehmen kann, ist offenbar für ihn wesentlicher, als alles, was er besitzen, oder auch was er in den Augen anderer sein mag.

Robert Musil

In den Jahren der Lebensmitte

Im Grunde wissen in den Jahren der Lebensmitte wenig Menschen mehr, wie sie eigentlich zu sich selbst gekommen sind, zu ihren Vergnügungen, ihrer Weltanschauung, ihrer Frau, ihrem Charakter, Beruf und ihren Erfolgen, aber sie haben das Gefühl, daß sich nun nicht mehr viel ändern kann. Es ließe sich sogar behaupten, daß sie betrogen worden seien, denn man kann nirgends einen zureichenden Grund dafür entdecken, daß alles gerade so kam, wie es gekommen ist; es hätte auch anders kommen können; die Ereignisse sind ja zum wenigsten von ihnen selbst ausgegangen, meistens hingen sie von allerhand Umständen ab, von der Laune, dem Leben, dem Tod ganz anderer Menschen, und sind gleichsam bloß im gegebenen Zeitpunkt auf sie zugeeilt.

So lag in der Jugend das Leben noch wie ein unerschöpflicher Morgen vor ihnen, nach allen Seiten voll von Möglichkeit und Nichts, und schon am Mittag ist mit einemmal etwas da, das beanspruchen darf, nun ihr Leben zu sein, und das ist im ganzen doch so überraschend, wie wenn eines Tags plötzlich ein Mensch dasitzt, mit dem man zwanzig Jahre lang korrespondiert hat, ohne ihn zu kennen, und man hat ihn sich ganz anders vorgestellt. Noch viel sonderbarer aber ist es, daß die meisten Menschen das gar nicht bemerken; sie adoptieren den Mann, der zu ihnen gekommen ist, dessen Leben sich in sie eingelebt hat, seine Erlebnisse erscheinen ihnen jetzt als der Ausdruck ihrer Eigenschaften, und sein Schicksal ist ihr Verdienst oder Unglück.

Es ist etwas mit ihnen umgegangen wie ein Fliegenpapier mit einer Fliege; es hat sie da an einem Härchen, dort in ihrer Bewegung festgehalten und hat sie allmählich eingewickelt, bis sie in einem dicken Überzug begraben liegen, der ihrer ursprünglichen Form nur ganz entfernt entspricht. Und sie denken dann nur noch unklar an die Jugend, wo etwas wie eine Gegenkraft in ihnen gewesen ist. Diese andere Kraft zerrt und schwirrt, sie will nirgends bleiben und löst einen Sturm von ziellosen Fluchtbewegungen aus; der Spott der Jugend, ihre Auflehnung gegen das Bestehende, die Bereitschaft der Jugend zu allem, was heroisch ist, zu Selbstaufopferung und Verbrechen, ihr feuriger Ernst und ihre Unbeständigkeit, – alles das bedeutet nichts als ihre Fluchtbewegungen.

Im Grunde drücken diese bloß aus, daß nichts von allem, was der junge Mensch unternimmt, aus dem Innern heraus notwendig und eindeutig erscheint, wenn sie es auch in der Weise ausdrücken, als ob alles, worauf er sich gerade stürzt, überaus unaufschiebbar und notwendig wäre. Irgend jemand erfindet einen schönen neuen Gestus, einen äußeren oder einen inneren – Wie übersetzt man das? Eine Lebensgebärde? Eine Form, in die das Innere strömt wie das Gas in einen Glasballon? Einen Ausdruck des Indrucks? Eine Technik des Seins? Es kann ein neuer Schnurrbart sein oder ein neuer Gedanke. Es ist Schauspielerei, aber hat wie alle Schauspielerei natürlich einen Sinn – und augenblicklich stürzen, wie die Spatzen von den Dächern, wenn man Futter streut, die jungen Seelen darauf zu. Man braucht es sich ja bloß vorzustellen: wenn außen eine schwere Welt auf Zunge, Händen und Augen liegt, der erkaltete Mond aus Erde, Häusern, Sitten, Bildern und Büchern, – und innen ist nichts wie ein haltlos beweglicher Nebel: welches Glück es bedeuten muß, sobald einer einen Ausdruck vormacht, in dem man sich selbst zu erkennen vermeint. Ist irgend etwas natürlicher, als daß jeder leidenschaftliche Mensch sich noch vor den gewöhnlichen Menschen dieser neuen Form bemächtigt?! Sie schenkt ihm den Augenblick des Seins, des Spannungsgleichgewichtes zwischen innen und außen, zwischen Zerpreßtwerden und Zerfliegen.

Auf nichts anderem beruht – dachte Ulrich, und natürlich berührte ihn alles das auch persönlich; er hatte die Hände in den Taschen, und sein Gesicht sah so still und schlafend glücklich aus, als stürbe er in den Sonnenstrahlen, die hineinwirbelten, einen milden Erfrierungstod – auf nichts anderem, dachte er, beruht also auch die immerwährende Erscheinung, die man neue Generation, Väter und Söhne, geistige Umwälzung, Stilwechsel, Entwicklung, Mode und Erneuerung nennt.

Was diese Renoviersucht des Daseins zu einem Perpetuum mobile macht, ist nichts als das Ungemach, daß zwischen dem nebelhaften eigenen und dem schon zur fremden Schale erstarrten Ich der Vorgänger wieder nur ein Schein-Ich, eine ungefähr passende Gruppenseele eingeschoben wird. Und wenn man bloß ein bißchen achtgibt, kann man wohl immer in der soeben eingetroffenen letzten Zukunft schon die kommende Alte Zeit sehen. Die neuen Ideen sind dann bloß um dreißig Jahre älter, aber befriedigt und ein wenig fettüberpolstert oder überlebt, so ähnlich wie man neben den schimmernden Gesichtszügen eines Mädchens das erloschene Gesicht der Mutter erblickt; oder sie haben keinen Erfolg gehabt, sind abgezehrt und zu einem Reformvorschlag eingeschrumpft, den ein alter Narr verficht, der von seinen fünfzig Bewunderern der große Soundso genannt wird.

Kurt Tucholsky

Man sollte sich doch treu bleiben

❦

Das war damals. Damals war er so das, was die Welt ›eine Hoffnung‹ nennt. Der Anfang war vielversprechend gewesen – und nun warteten die Leute, was nun kommen würde. Denn daß etwas kommen mußte, das stand ja fest.

Die Sache fing damit an, daß ihn sein Vater eines Tages in sein Arbeitszimmer rief und ihn fragte, was er denn nun eigentlich werden wolle. Und man müsse nun doch ... wie? Ja, das sah er ein. Man müsse nun in der Tat ... So begann es, und das war der Anfang. Damals hörte er zum ersten Male das Wort ›Konzession‹ in seinen Ohren sausen.

Lange ist das her, dieses: Damals. Wie lange – wartet, ich will nachrechnen, fünfzehn, achtzehn Jahre. Ja, achtzehn Jahre liegt diese erste Unterredung mit seinem Papa zurück. Merkwürdig, wie so die Zeit vergeht ... Was ist heute? Heute?

Wie ist das gekommen? Ganz langsam muß das gegangen sein, daß man es so gar nicht gemerkt hat – es ist eine unendlich lange, schiefe Ebene gewesen. Ah, Sie dürfen nicht denken, daß er heruntergekommen sei – aber im Gegenteil. Ganz im Gegenteil. Der Mann ist heute etwas, er hat eine Stellung, er ist angesehen, er verdient, hat Frau und Kinder – ein anständiger Bürger.

Aber wie ist das gekommen? Aus der Flamme ist ein Herdfeuer geworden, ein stilles, nahrhaft wärmendes Herdfeuer, und das ist nun auch erloschen. Er schreibt und ist fleißig und wird gelesen und ist ein vorzüglicher Techniker. Herz? Empfindung? Rührung? Humor? Aber gern. Aber bitte, gern und gleich. Er liest auch wohl mitunter noch in seinen alten Büchern, ›an denen er einst die Kraft seiner Jugend geübt hatte‹. Er denkt auch wohl mitunter noch an die alten Tage – aber er mag nicht gerne an sie denken. Es ist so etwas wie Scham dabei. Aber das ist selten.

Er hat auch schon eingesehen, daß man sich nach der Decke strecken müsse, und daß man nicht damit weiter kommt, immer das Äußerste zu verlangen. Begnügsamkeit – wie hübsch das klingt. Begnügsamkeit ... Und es geht doch auch so, nicht wahr, es geht doch auch so. Manchmal hört er die jungen Leute stürmen und poltern – wie er einst gestürmt und gepoltert hatte, und dann lächelt er und denkt: ‹Sie werden schon wieder klein beigeben›. Aber ihm ist nicht sehr wohl bei diesem Lächeln ...

Er hat seine Frau sehr lieb. Freilich: mit seinen Jugenddingen darf er ihr nicht kommen. Sie lehnt das still ab. Er hat sie sehr lieb – aber es geschieht wohl manchmal, des Nachts, daß er, wenn sie weich und ermattet an seiner Seite liegt, ins Dunkel sieht und immer weiter sieht, an ihr vorbei, ganz an ihr vorbei. Und während sie von den kleinen Haushaltungssorgen plaudert, kreisen da rote Ringe und drehen sich und erinnern, erinnern ... Das ist nicht schön.

Und die Leute sagen: er macht seine Sache sehr gut. Er eckt nicht an, und versteht, sich mit jedermann zu stellen, und weiß mit der Zeit zu gehen, und bleibt obenauf, und ernährt seine Familie. Ja. Und vielleicht – wenn das mit A. klappt –

vielleicht wird er dann aus der kleinen Vierzimmerwohnung in eine größere, in eine Sechszimmerwohnung ziehen. Er kann sich das jetzt ruhigen Gewissens leisten.

Und da hinten, weit hinten, liegt ein Jugendland in unvergleichlichem Glanz, Und leuchtet durch all die Jahre und kann nicht vergessen werden. Es ruht im Unterbewußtsein, oder, wie die Psychologen das nennen, es liegt tief unter der Oberfläche und kann und kann nicht vergessen werden. Und wird doch jeden Tag vergessen, mit jedem gesprochenen Wort, mit jedem geschriebenen Satz. Und ist leuchtend und unauslöschlich da.

Und die Frauen sind da, die von damals – und die von heute, die er nie gesehen hat. Ihre Lust und ihr Menschentum, ihre Nacht und ihr Tag, Bett und Tisch. Und ihr Lachen. Freilich: sie können nicht alle so gut Kaffee kochen wie jene. –

Wer war das, da oben? Wer ist das? – Du? Sag: wer?

Irgend jemand. Irgend jemand.

Nein: nicht irgend jemand. Ich will euch sagen, wer es ist. Ihr alle seid es.

So leben Tausende und Tausende dahin, und haben das Land ihrer Sehnsucht, das Land ihrer Jugend, verraten und vergessen. Man muß doch leben ... Lebt ihr? Leben wir alle? Ist das ein Leben: essen und arbeiten, und beachtet werden, und Geld verdienen, und atmen, und Kinder haben, und eine Frau? War es das, was wir erstrebt haben? Wo ist sie? Sie hat reich geheiratet, nicht wahr, nach der Melodie:

> Doch was am meisten ihn entsetzt,
> Das allerschlimmste kam zuletzt.

> Ein alter Esel fraß die ganze
> Von ihm so heißgeliebte Pflanze.

Sie ist nicht mehr da. Und die Zeit ist vorbei, die Tage sind zerronnen, die Jugend dahin.

Aber die Bücher sind noch da, die Bücher und ihre Wahrheiten, ihre Zweifel und ihre krummen Wege, ihre Schmeicheleien und ihre Grausamkeiten. Sie sind da und haben alles überdauert. Und wir sind alt geworden und leben neben ihnen. Und – wenn wir ein bißchen wertvoll sind – schämen wir uns.

Es ist kein Glück dabei. Man sollte sich doch treu bleiben.

4

WEITER MIT LEICHTEM GEPÄCK

*Dank sei der glückseligen Natur dafür gesagt,
dass sie das Lebensnotwendige leicht zu beschaffen
und das, was schwer zu beschaffen ist,
nicht lebensnotwendig gemacht hat.*

Epikur

Mark Twain

Reich ist, wer genug hat

Armer Vanderbilt. Wie aufrichtig bedauere ich Sie. Sie sind ein alter Mann und sollten etwas Ruhe haben. Aber Sie müssen kämpfen und kämpfen und sich selbst verleugnen und sich den ruhevollen Schlaf und den Seelenfrieden rauben, weil Sie so dringend Geld brauchen. […]

Missverstehen Sie mich nicht, Vanderbilt. Ich weiß, Sie besitzen siebzig Millionen; aber wir beide wissen: nicht was ein Mann besitzt, macht seinen Wohlstand aus. Nein – es ist die *Zufriedenheit* mit dem, was er hat. Solange er dringend einen bestimmten zusätzlichen Betrag *braucht*, ist dieser Mann nicht reich. Siebzig mal siebzig Millionen können ihn nicht reich machen, solange sein armes Herz nach mehr verlangt. … Sie haben siebzig Millionen und sie *brauchen* fünfhundert Millionen. Es verlangt Sie danach. Ihre Armut ist etwas Schreckliches.

Seneca

Endlich frei

Und nun zur unerschöpflichen Quelle menschlichen Kummers: den Vermögensverhältnissen. Vergleichst du die Ärgernisse, die wir mit unserem Geld haben, mit allem, was uns sonst ängstigt, mit Tod, Krankheit, Furcht, Hoffnung, Schmerzen und Arbeitsüberlastung, so sind die ersteren am bedrückendsten. Daraus müssen wir folgern: der Schmerz, besitzlos zu sein, ist weit leichter zu ertragen als der, besitzlos zu werden. Daraus geht hervor, daß Armut um so weniger bedrückt, je weniger man zu verlieren hat. Es ist nämlich ein Irrtum, zu glauben, ein Reicher verschmerze Verluste leichter: große wie kleine Körper sind gleich schmerzempfindlich. Bion bemerkt treffend: »Das Haarausreißen ist für Kahl- wie Wuschelköpfe gleich lästig.« Mit den Armen und den Reichen steht es ebenso, mußt du wissen: beide leiden die gleiche Qual, beide hängen an ihrem Geld, und keiner trennt sich ohne Schmerz von ihm. Doch sind – wie gesagt – fehlende Einkünfte leichter zu verschmerzen als Verluste des Erworbenen, und daher sieht man die, denen das Glück niemals hold war, öfter lächeln als andere, denen es den Rücken kehrte. Diogenes, ein Mann von großer Geisteskraft, sah das ein. Das Ergebnis war: es konnte ihm nichts mehr entrissen werden. Du magst das Armut, Mangel, Dürftigkeit nennen oder welchen Schimpfnamen du dem Zustand der Sicherheit sonst zulegen willst. Wenn ich diesen Mann für unglücklich halten soll, mußt du mir schon einen andern zeigen, der nichts mehr einbüßen kann. Täusche ich mich, oder ist es nicht etwas wahrhaft Königliches, wenn unter lauter Geizhälsen, Betrügern, Räubern sich ein einziger findet, der gegen jeden Schaden gefeit ist? Wer am Glück des Diogenes zweifelt, kann ebenso die Lebensverhältnisse der unsterblichen Götter anzweifeln; ob sie wirklich glücklich leben, da sie doch weder Landgüter noch Gärten besitzen, weder ihr bestes Land verpachten noch Wucherzinsen nehmen können? Schämst du dich da nicht, du Anbeter des Mammon?

Wirf nur einen Blick auf das Weltganze; auf die Götter: nackt stehen sie da, haben nichts und geben alles. Hältst du nun einen Mann, der sich aller Zufallsgüter entäußert hat, für arm, oder vergleichst du ihn den unsterblichen Göttern? Würdest du den Demetrius Pompejanus glücklicher nennen, weil er sich nicht schämte, reicher als Pompejus zu sein? Täglich wurde ihm – wie einem Feldherrn die Heeresstärke – die Zahl seiner Sklaven gemeldet, ihm, dem zwei Hilfssklaven und ein geräumigeres Zimmer schon längst Reichtum genug hätten sein müssen. Dem Diogenes dagegen lief sein einziger Sklave davon, und als man ihn vorführte, legte er keinen Wert darauf, ihn wieder aufzunehmen. »Kann Manes ohne den Diogenes leben«, sagte er, »wäre es doch eine Schande, wenn Diogenes nicht ohne den Manes auskommen könnte!« Damit wollte er ausdrücken: »Treibe dein Handwerk, Schicksal, beim Diogenes hast du nichts mehr zu suchen. Mein Sklave ist mir entlaufen; besser: ich bin frei davongekommen!«

Plutarch

Geh mir aus der Sonne!

Als die Griechen sich auf dem Isthmos versammelt und beschlossen hatten, den Feldzug gegen die Perser mit Alexander zu unternehmen, wurde er zum Führer gewählt. Als nun viele, Staatsmänner sowohl wie Philosophen, zu ihm kamen und ihn beglückwünschten, erwartete er, daß auch Diogenes von Sinope dasselbe tun würde, der in Korinth lebte, und da dieser, ohne sich im mindesten um Alexander zu kümmern, in aller Ruhe im Kraneion blieb, ging er selbst zu ihm.

Er lag gerade in der Sonne und setzte sich nur eben ein bißchen auf, als so viele Leute herankamen, und blickte auf Alexander. Als dieser ihn mit seinem Namen begrüßte und ihn fragte, ob er irgendeine Bitte habe, antwortete er: »Nur eine kleine: geh mir aus der Sonne!« Das soll auf Alexander einen solchen Eindruck gemacht und er soll über den Hochmut und die Größe des Mannes, der ihm solche Nichtachtung bewies, so gestaunt haben, daß er, während die Leute seiner Umgebung lachten und spotteten, sagte: »Nein, wahrhaftig, wäre ich nicht Alexander, so wäre ich Diogenes.«

Wilhelm Busch

Das Hemd des Zufriedenen

Es war einmal ein reicher König, dem machte das Regieren so viele Sorgen, daß er darum nicht schlafen konnte die ganze Nacht. Das ward ihm zuletzt so unerträglich, daß er seine Räte zusammenberief und ihnen sein Leid klagte.

Es war aber darunter ein alter erfahrener Mann, der erhob sich, da er vernommen, wie es um den König stand, von seinem Stuhle und sprach: »Es gibt nur ein Mittel, daß wieder Schlaf in des Königs Augen kommt, aber es wird schwer zu erlangen sein; so nämlich dem Könige das Hemd eines zufriedenen Menschen geschafft werden könnte und er das beständig auf seinem Leibe trüge, so halte ich dafür, daß ihm sicherlich geholfen wäre.« Da das der König vernahm, beschloß er, dem Rate des klugen Mannes zu folgen, und wählte eine Anzahl verständiger Männer, die sollten das Reich durchwandern und schauen, ob sie nicht ein Hemd finden könnten, wie es dem Könige not tat. Die Männer zogen aus und gingen zuerst in die schönen, volkreichen Städte, weil sie gedachten, daß sie da wohl am ehesten zu ihrem Zwecke kämen; aber vergebens war ihr Fragen von Haus zu Haus nach einem zufriedenen Menschen; dem einen gebrach dies, dem andern das; so mochte sich keiner zufrieden nennen.

Da sprachen die Männer untereinander: »Hier in der Stadt finden wir doch nimmer, wonach wir suchen; darum, so wollen wir jetzunder auf das Land hinausgehen, da wird die Zufriedenheit wohl noch zu Hause sein«, sprachens, ließen die Stadt mit ihrem Gewühle hinter sich und gingen den Weg durch das wallende Korn dem Dorfe zu.

Sie fragten von Haus zu Haus, von Hütte zu Hütte, sie gingen in das nächste Dorf und weiter von da, sie kehrten bei Armen und bei Reichen ein, aber keinen fanden sie, der ganz zufrieden war. Da kehrten die Männer traurig wieder um und begaben sich auf den Heimweg.

Wie sie nun so in sorgende Gedanken vertieft über eine Flur dahinwandelten, trafen sie auf einen Schweinehirten, der da gemächlich bei seiner Herde lag; indem, so kam auch des Hirten Frau, trug auf ihren Armen ein Kind und brachte ihrem Manne das Morgenbrot. Der Hirt setzte sich vergnüglich zum Essen, verzehrte, was ihm gebracht war, und nachdem, so spielte er mit seinem Kinde.

Das sahen die Männer des Königs mit Erstaunen, traten herzu und fragten den Mann, wie es käme, daß er so vergnügt wäre, und hätte doch nur ein so geringes Auskommen. »Meine lieben Herren«, sprach der Sauhirt, »das kommt daher, weil ich mit dem, was ich habe, zufrieden bin.« Da freuten sich die Männer höchlich, daß sie endlich einen zufriedenen Menschen gefunden hatten, und erzählten ihm, in welcher Sache sie von dem König wären ausgesandt worden, und baten ihn, daß er ihnen möchte für Geld und gute Worte ein Hemd von seinem Leibe geben. Der Sauhirt lächelte und sprach: »So gern ich euch, meine lieben Herren, in eurem Anliegen möchte zu Willen sein, so ist es mir doch nicht möglich; denn Zufriedenheit habe ich wohl, aber kein Hemd am Leibe.«

Als das die Männer vernahmen, erschraken sie und gaben nun ganz die Hoffnung auf, ein Hemd zu finden, wie es dem König not tat. Betrübt und mit gesenkten Blicken traten sie wieder vor ihren Herrn und berichteten ihm, wie all ihr Suchen und Fragen sei vergeblich gewesen; sie hätten manchen gefunden, der wohl ein Hemd gehabt hätte, aber keine Zufriedenheit, und endlich hätten sie einen angetroffen, der wäre freilich zufrieden gewesen, aber leider hätte er kein Hemd gehabt.

So mußte denn der König seine Sorgen ferner tragen und voll Unruhe oft nächtelang auf seinem Bette liegen, ohne daß Schlaf in seine Augen kam, und konnte ihm nicht geholfen werden.

Ernst Bloch

Fall ins Jetzt

Man kann auch sonderbar aufs Hier und Da kommen, das ist nie weit von uns. Ich kenne eine kleine, fast niedere, ostjüdische Geschichte, an der freilich der Schluß merkwürdig enttäuscht. Ihr Ende soll offenbar ein Witz sein, ein recht verlegener und matter, unlustiger, jedoch eben einer, der nur die Grube zuschaufeln soll, in die man gefallen ist. Die Grube ist unser Jetzt, in dem alle sind und von dem *nicht* wegerzählt wird, wie sonst meistens; die kleine Falltür ist also herzusetzen.

Man hatte gelernt und sich gestritten, war darüber müde geworden. Da unterhielten sich die Juden, im Bethaus der kleinen Stadt, was man sich wünschte, wenn ein Engel käme. Der Rabbi sagte, er wäre schon froh, wenn er seinen Husten los wäre. Und ich wünschte mir, sagte ein Zweiter, ich hätte meine Töchter verheiratet. Und ich wollte, rief ein Dritter, ich hätte überhaupt keine Töchter, sondern einen Sohn, der mein Geschäft übernimmt.

Zuletzt wandte sich der Rabbi an einen Bettler, der gestern abend zugelaufen war und nun zerlumpt und kümmerlich auf der hinteren Bank saß. »Was möchtest du dir denn wünschen, Lieber? Gott sei es geklagt, du siehst nicht aus, wie wenn du ohne Wunsch sein könntest.« – »Ich wollte«, sagte der Bettler, »ich wäre ein großer König und hätte ein großes Land. In jeder Stadt hätte ich einen Palast, und in der allerschönsten meine Residenz, aus Onyx, Sandel und Marmor. Da säße ich auf dem Thron, wäre gefürchtet von meinen Feinden, geliebt von meinem Volk, wie der König Salomo. Aber im Krieg habe ich nicht Salomos Glück; der Feind bricht ein, meine Heere werden geschlagen und alle Städte und Wälder gehen in Brand auf. Der Feind steht schon vor meiner Residenz, ich höre das Getümmel auf den Straßen und sitze im Thronsaal ganz allein, mit Krone, Szepter, Purpur und Hermelin, verlassen von allen meinen Würdeträgern und höre, wie das Volk nach meinem Blut schreit. Da ziehe ich mich aus bis aufs Hemd und werfe alle Pracht von mir, springe durchs Fenster hinab in den Hof. Komme hindurch durch die Stadt, das Getümmel, das freie Feld und laufe, laufe durch mein verbranntes Land, um mein Leben. Zehn Tage lang bis zur Grenze, wo mich niemand mehr kennt, und komme hinüber, zu andern Menschen, die nichts von mir wissen, nichts von mir wollen, bin gerettet und *seit gestern abend sitze ich hier.*« –

Lange Pause und ein Chok dazu, der Bettler war aufgesprungen, der Rabbi sah ihn an. »Ich muß schon sagen«, sprach der Rabbi langsam, »ich muß schon sagen, du bist ein merkwürdiger Mensch. Wozu wünschst du dir denn alles, wenn du alles wieder verlierst. Was hättest du dann von deinem Reichtum und deiner Herrlichkeit?« – »Rabbi«, sprach der Bettler und setzte sich wieder, »ich hätte schon etwas, ein Hemd.« –

Nun lachten die Juden und schüttelten die Köpfe und schenkten dem König das Hemd, mit einem Witz war der

Chok zugedeckt. Dieses merkwürdige Jetzt als Ende oder Ende des Jetzt in dem Wort: Seit gestern abend sitze ich hier, dieser Durchbruch des Hierseins mitten aus dem Traum heraus. Sprachlich vermittelt durch den vertrackten Übergang, den der erzählende Bettler aus der Wunschform, mit der er beginnt, über das historische plötzlich zum wirklichen Präsens nimmt. Den Hörer überläuft es etwas, wenn er landet, wo er ist; kein Sohn übernimmt dies Geschäft.

Fred Endrikat

Lebensmathematik

Wenn man liquidieren muß
und die Schlußbilanz beachtet,
wird ein Minus oft zum Plus,
je nachdem man es betrachtet.
Diese Rechnung ist ganz glatt:
Null ist nicht zu subtrahieren.
Alles, was man nicht mehr hat,
kann man auch nicht mehr verlieren.

Alain

Auf der großen Wiese

Bei Platon stehen Ammenmärchen, die allen anderen Ammenmärchen gleichen, aber durch eine beiläufige Bemerkung Echos in uns wecken und wenig bekannte Schlupfwinkel erhellen. Unter anderm gehört dazu die Erzählung von einem gewissen Er, der nach einer Schlacht für tot gehalten worden war, dann jedoch, als sich der Irrtum herausstellte, aus der Unterwelt zurückkehrte und erzählte, was er dort gesehen hatte.

Die schlimmste Prüfung war folgende. Die Seelen oder Schatten werden auf eine große Wiese geführt, und man wirft Säcke vor sie hin, unter denen sie sich ein Schicksal auswählen können. Die Seelen erinnern sich noch an ihr vergangenes Leben; sie wählen also, wie es ihnen ihre Begierden und ihr Bedauern eingeben. Wer mehr als alles Geld begehrt hat, wählt sich ein Schicksal mit Geld; wer bereits Geld hatte, ein Schicksal mit noch mehr Geld. Die Wollüstigen suchen sich Säcke voll Vergnügen aus; der Ehrgeizige wählt ein Königsschicksal. Schließlich hat jeder gefunden, was er braucht; und ihr neues Schicksal auf der Schulter, gehen sie Lethe trinken und kehren dann, ein Leben nach ihrer Wahl zu führen, wieder auf die Erde zurück.

Eine seltsame Prüfung und eine merkwürdige Bestrafung, die gleichwohl härter ist, als es den Anschein hat. Denn es gibt nur wenige, die über die wirklichen Ursachen von Glück und Unglück nachdenken. Die es tun, gehen auf die Quelle, das heißt die tyrannischen Begierden zurück, welche die Vernunft schachmatt setzen. Sie mißtrauen dem Reichtum, weil er empfänglich macht für Schmeichelei und unempfänglich für den Anblick des Unglücks; sie mißtrauen der Macht, weil alle, die Macht haben, früher oder später ungerecht werden; sie mißtrauen den Vergnügen, weil sie stumpf machen und schließlich das Licht der Vernunft auslöschen. Bedacht darauf, nicht ihr Gleichgewicht zu verlieren und das bißchen Verstand, das sie sich erworben und mühsam bewahrt haben, nicht durch ein glänzendes Schicksal wieder zu gefährden, werden sie darum an mehr als einem verlockend aussehenden Sack vorbeigehen und sich schließlich ein bescheidenes und mittelmäßiges Schicksal aufladen, das außer ihnen niemand will.

Die anderen dagegen, die ihr ganzes Leben lang ihren Begierden gefolgt sind und sich, ohne je über ihren Napf hinwegzusehen, mit allem vollgestopft haben, was ihnen gut erschien – was könnten sie anders wählen als noch mehr Blindheit, noch mehr Unwissenheit, noch mehr Unwahrhaftigkeit? Auf diese Weise aber bestrafen sie sich härter, als sie ein Richter bestrafen würde. Stellen Sie sich zum Beispiel den oder jenen Millionär auf der großen Wiese vor. Was er wählen wird? Aber lassen wir die Metaphern; Platon ist uns weit näher, als wir meinen. Ich habe keinerlei Erfahrungen, was ein Leben nach dem Tod angeht; daß ich nicht daran glaube, wäre darum zuwenig gesagt; denn ich kann überhaupt nichts darüber sagen. Im übrigen möchte ich meinen, daß jenes zukünftige Leben, in dem wir nach eigener Wahl bestraft werden, eben jene Zukunft ist, auf die wir unaufhörlich zugehen und in der jeder das Paket auspackt, für das er sich entschieden hat. Auch das andere trifft zu: daß wir nicht aufhören, Vergessen zu trinken und auf die Götter und das Schicksal zu fluchen. Denn wer eine ehrgeizige Laufbahn gewählt hat, glaubte nicht, damit auch Schmeichelei, Neid und Ungerechtigkeit zu wählen; aber die waren mit im Paket.

Henry David Thoreau

Ich zog in den Wald

❧

Als ich endlich meinen Wohnsitz in den Wäldern nahm – es war zufällig am Unabhängigkeitstag, dem 4. Juli des Jahres 1845 –, das heißt, als ich auch die Nächte dort zu verbringen begann, war mein Haus noch nicht für den Winter fertig, sondern vorläufig bloß ein Schutz gegen den Regen. Es hatte noch keinen Kamin, und die Wände waren noch nicht verputzt. Zwischen den rohen, verwitterten Balken waren breite Ritzen, die nachts kühle Luft hereinließen. Die senkrechten weißen Eckpfosten und die frisch gehobelten Tür- und Fensterrahmen gaben ihm ein luftiges, sauberes Aussehen, besonders morgens, wenn das Holz vom Tau getränkt war. Das erweckte in mir die Vorstellung, als würde bis mittags das frische Harz austreten. In meiner Phantasie behielt es diesen morgendlichen Charakter den ganzen Tag hindurch und erinnerte mich dadurch an eine Berghütte, der ich ein Jahr zuvor einen Besuch abgestattet hatte. Es war dies eine luftige, unbeworfene Holzhütte, die einem wandernden Gott als Herberge hätte dienen können und wo eine Göttin ihre Kleider im Wind flattern lassen mochte. Der Wind, der über mein Haus hinwegstrich, glich jenem, der über die Berge fegt. Er trug mir nur gebrochene Klänge zu, den himmlischen

Teil seiner irdischen Musik. Der Morgenwind weht ohne Unterlaß, das Lied der Schöpfung ist nicht unterbrochen, doch sind es wenige, die es hören. Der Olymp ist nichts anderes als die Oberfläche der Erde, allüberall.

Jeder Morgen war eine freundliche Einladung, mein Leben so einfach, ja ich möchte sagen, so unschuldig wie die Natur selbst zu gestalten. Ich war ein ebenso aufrichtiger Anbeter Auroras wie die Griechen. Ich stand sehr früh auf und badete im See. Das war eine religiöse Übung und eine meiner besten Handlungen. Es heißt, in der Badewanne des Königs Tsching-Tschang sei folgende Inschrift eingemeißelt gewesen: »Erneuere dich vollständig jeden Tag; tue es immer wieder, für alle Zeit.«

Ich kann das verstehen. Der Morgen versetzt uns in heroische Zeiten zurück. Das feine Summen einer Mücke, die in der ersten Dämmerung, wenn Tür und Fenster offenstanden, ihren unsichtbaren, unerforschlichen Weg durch mein Zimmer nahm, ergriff mich genauso wie jede Ruhmesfanfare. Es war ein homerisches Requiem; eine Iliade, eine Odyssee der Luft, die ihre eigenen Irrfahrten, ihren eigenen Groll besang. Es hatte etwas Kosmisches; die ständige Verkündigung der immerwährenden Lebenskraft und Fruchtbarkeit der Welt.

Der Morgen ist die Stunde des Erwachens, die bedeutungsvollste Zeit des Tages, in der wir am wenigsten schlafbedürftig sind, in der zumindest eine Stunde lang ein Teil von uns wach ist, der alle übrige Tages- und Nachtzeit schlummert. Es ist wenig von einem Tag zu erwarten – wenn er dann überhaupt »Tag« genannt werden kann –, an dem wir nicht von unserem eigenen höheren Ich geweckt werden, sondern vom mechanischen Rütteln eines Dieners; nicht von den eigenen wiedererstandenen Kräften und Bestrebungen aus dem

Innern heraus, begleitet von den Schwingungen himmlischer Klänge – statt von Fabrikglocken – und einem Wohlgeruch, der die Luft erfüllt; erweckt zu einem höheren Leben als jenem, in dem wir eingeschlafen waren. So würde die Dunkelheit Früchte tragen und sich als gut erweisen, nicht weniger gut als das Licht.

Der Mensch, der nicht glaubt, daß jeder Tag eine Stunde der Morgenröte enthält, früher und heiliger als die, die er bereits entweiht hat, ist am Leben verzweifelt und bewegt sich auf absteigenden dunkelnden Wegen. Nach einer zeitweisen Unterbrechung des Sinnenlebens erwacht die Seele des Menschen, oder besser ihre Organe, täglich neu gestärkt, und sein höheres Ich ist von neuem bestrebt, seinem Leben einen so edlen Inhalt wie möglich zu geben. Alle großen Dinge, möchte ich sagen, vollziehen sich am Morgen, in einer morgendlichen Atmosphäre.

In den Veden heißt es: »Alle Geisteskräfte erwachen mit dem Morgen.« Dichtung, Kunst und die schönsten, denkwürdigsten Handlungen des Menschen werden in einer solchen Stunde geboren. Alle Dichter und Helden sind gleich Memnon Kinder der Aurora, ihr Lied erklingt bei Sonnenaufgang. Und für den, dessen elastische, lebhafte Gedanken mit der Sonne Schritt halten, ist der Tag ein immerwährender Morgen, unabhängig vom Stundenschlag, vom Tun und Gehaben der Menschen. Morgen ist, wenn ich wach bin, wenn es in mir zu dämmern beginnt. Jedwede moralische Reform ist das Bestreben, den Schlaf abzuschütteln. Wie sonst könnten die Menschen solch armselige Rechenschaft von ihren Tagen geben, wenn sie nicht ausgeschlafen hätten? So schlechte Rechner sind sie nicht. Wären sie nicht von Schläfrigkeit befangen gewesen, dann hätten sie etwas ausgerichtet. Für körperliche

Arbeit sind Millionen wach genug. Doch nur einer aus einer Million ist genügend wach für eine wirksame geistige Tätigkeit, nur einer unter hundert Millionen für ein poetisches oder göttliches Leben. Wach sein heißt leben. Ich bin noch nie einem Menschen begegnet, der völlig wach gewesen wäre. Wie hätte ich ihm sonst ins Antlitz schauen können?

Wir müssen lernen, wieder zu erwachen und wach zu bleiben. Nicht auf mechanischem Wege, sondern durch ein ständiges Erwarten der Morgendämmerung, die uns auch in unserem tiefsten Schlaf nicht verläßt. Ich weiß nichts, das ermutigender wäre als die Fähigkeit des Menschen, sein Leben durch bewußtes Bemühen auf eine höhere Stufe zu bringen. Es ist schon etwas, fähig zu sein, ein Bild zu malen oder eine Statue zu meißeln und auf diese Weise einigen Dingen Schönheit zu verleihen. Doch es ist noch weitaus rühmlicher, die Atmosphäre selbst zu gestalten, das Medium, durch das wir die Welt betrachten; und dazu sind wir geistig und sittlich imstande. Die Beschaffenheit des Tages zu beeinflussen, das ist die größte Kunst.

Jeder Mensch hat die Aufgabe, sein Leben auch in allen Einzelheiten so zu gestalten, daß es seiner Betrachtung in der erhabensten und entscheidendsten Stunde standhalten kann. Und haben wir die geringen Kenntnisse verschmäht oder aufgebraucht, die uns zuteil wurden, geben uns noch die Weissagungen Aufschluß darüber, wie das geschehen könnte.

Ich bin in den Wald gezogen, weil mir daran lag, bewußt zu leben, es nur mit den wesentlichen Tatsachen des Daseins zu tun zu haben. Ich wollte sehen, ob ich nicht lernen könne, was es zu lernen gibt, um nicht, wenn es ans Sterben ging, die Entdeckung machen zu müssen, nicht gelebt zu haben. Ich wollte kein Leben führen, das eigentlich kein Leben ist, dazu war es mir zu kostbar. Ich wollte intensiv leben, dem Leben alles Mark aussaugen, so hart und spartanisch leben, daß alles die Flucht ergreifen würde, was nicht Leben war; wollte mit großem Schwung knapp am Boden mähen, um das Leben in die Ecke zu treiben und es auf die einfachste Formel zurückzubringen. Wenn es sich als erbärmlich erwies, dann wollte ich seine ganze Erbärmlichkeit kennenlernen und sie der Welt kundtun. War es aber herrlich, so wollte ich es aus eigener Erfahrung kennen und imstande sein, einen wahrheitsgetreuen Bericht davon zu geben.

Johann Wolfgang Goethe

Wann er will

Daß das Leben des Menschen nur ein Traum sei, ist manchen schon so vorgekommen, und auch mit mir zieht dieses Gefühl immer herum. Wenn ich die Einschränkung ansehe, in welcher die tätigen und forschenden Kräfte des Menschen eingesperrt sind; wenn ich sehe, wie alle Wirksamkeit dahinaus läuft, sich die Befriedigung von Bedürfnissen zu verschaffen, die wieder keinen Zweck haben, als unsere arme Existenz zu verlängern, und dann, daß alle Beruhigung über gewisse Punkte des Nachforschens nur eine träumende Resignation ist, da man sich die Wände, zwischen denen man gefangen sitzt, mit bunten Gestalten und lichten Aussichten bemalt. –

Das alles, Wilhelm, macht mich stumm. Ich kehre in mich selbst zurück und finde eine Welt! Wieder mehr in Ahnung und dunkler Begier als in Darstellung und lebendiger Kraft. Und da schwimmt alles vor meinen Sinnen, und ich lächle dann so träumend weiter in die Welt.

Daß die Kinder nicht wissen, warum sie wollen, darin sind alle hochgelahrten Schul- und Hofmeister einig; daß aber auch Erwachsene gleich Kindern auf diesem Erdboden herumtaumeln, und wie jene nicht wissen, woher sie kommen und wohin sie gehen, ebensowenig nach wahren Zwecken handeln, ebenso durch Biskuit und Kuchen und Birkenreiser regiert werden: das will niemand gern glauben, und mich dünkt, man kann es mit Händen greifen.

Ich gestehe Dir gern, denn ich weiß, was Du mir hierauf sagen möchtest, daß diejenigen die Glücklichsten sind, die gleich den Kindern in den Tag hinein leben, ihre Puppen herumschleppen, aus- und anziehen und mit großem Respekt um die Schublade umherschleichen, wo Mama das Zuckerbrot hineingeschlossen hat, und wenn sie das gewünschte endlich erhaschen, es mit vollen Backen verzehren und rufen: Mehr! – Das sind glückliche Geschöpfe. Auch denen ist's wohl, die ihren Lumpenbeschäftigungen oder wohl gar ihren Leidenschaften prächtige Titel geben und sie dem Menschengeschlechte als Riesenoperationen zu dessen Heil und Wohlfahrt anschreiben. –

Wohl dem, der so sein kann! Wer aber in seiner Demut erkennt, wo das alles hinausläuft, wer da sieht, wie artig jeder Bürger, dem es wohl ist, sein Gärtchen zum Paradiese zuzustutzen weiß, und wie unverdrossen dann doch auch der Unglückliche unter der Bürde seinen Weg fortkeucht, und alle gleich interessiert sind, das Licht dieser Sonne noch eine Minute länger zu sehn – ja, der ist still und bildet auch seine Welt aus sich selbst und ist auch glücklich, weil er ein Mensch ist. Und dann, so eingeschränkt er ist, hält er doch immer im Herzen das süße Gefühl der Freiheit, und daß er diesen Kerker verlassen kann, wann er will.

Immanuel Kant

Der mündige Mensch

❦

Aufklärung ist der Ausgang des Menschen aus seiner selbst verschuldeten Unmündigkeit. Unmündigkeit ist das Unvermögen, sich seines Verstandes ohne Leitung eines anderen zu bedienen. *Selbstverschuldet* ist diese Unmündigkeit, wenn die Ursache derselben nicht am Mangel des Verstandes, sondern der Entschließung und des Mutes liegt, sich seiner ohne Leitung eines andern zu bedienen. Sapere aude! Habe Mut, dich deines *eigenen* Verstandes zu bedienen! ist also der Wahlspruch der Aufklärung.

Faulheit und Feigheit sind die Ursachen, warum ein so großer Teil der Menschen, nachdem sie die Natur längst von fremder Leitung frei gesprochen (naturaliter maiorennes), dennoch gerne zeitlebens unmündig bleiben; und warum es anderen so leicht wird, sich zu deren Vormündern aufzuwerfen. Es ist so bequem, unmündig zu sein. Habe ich ein Buch, das für mich Verstand hat, einen Seelsorger, der für mich Gewissen hat, einen Arzt, der für mich die Diät beurteilt, usw.: so brauche ich mich ja nicht selbst zu bemühen. Ich habe nicht nötig zu denken, wenn ich nur bezahlen kann; andere werden das verdrießliche Geschäft schon für mich übernehmen. Daß der bei weitem größte Teil der Menschen (darunter das ganze schöne Geschlecht) den Schritt zur Mündigkeit, außer dem daß er beschwerlich ist, auch für sehr gefährlich halte: dafür sorgen schon jene Vormünder, die die Oberaufsicht über sie gütigst auf sich genommen haben. Nachdem sie ihr Hausvieh zuerst dumm gemacht haben, und sorgfältig verhüteten, daß diese ruhigen Geschöpfe ja keinen Schritt außer dem Gängelwagen, darin sie sie einsperreten, wagen durften: so zeigen sie ihnen nachher die Gefahr, die ihnen drohet, wenn sie es versuchen, allein zu gehen. Nun ist diese Gefahr zwar eben so groß nicht, denn sie würden durch einigemal Fallen wohl endlich gehen lernen; allein ein Beispiel von der Art macht doch schüchtern, und schreckt gemeiniglich von allen ferneren Versuchen ab.

Es ist also für jeden einzelnen Menschen schwer, sich aus der ihm beinahe zur Natur gewordenen Unmündigkeit herauszuarbeiten. Er hat sie sogar lieb gewonnen, und ist vor der Hand wirklich unfähig, sich seines eigenen Verstandes zu bedienen, weil man ihn niemals den Versuch davon machen ließ. Satzungen und Formeln, diese mechanischen Werkzeuge eines vernünftigen Gebrauchs oder vielmehr Mißbrauchs seiner Naturgaben, sind die Fußschellen einer immerwährenden Unmündigkeit. Wer sie auch abwürfe, würde dennoch auch über den schmalesten Graben einen nur unsicheren Sprung tun, weil er zu dergleichen freier Bewegung nicht gewöhnt ist. Daher gibt es nur wenige, denen es gelungen ist, durch eigene Bearbeitung ihres Geistes sich aus der Unmündigkeit heraus zu wickeln, und dennoch einen sicheren Gang zu tun.

Daß aber ein Publikum sich selbst aufkläre, ist eher möglich; ja es ist, wenn man ihm nur Freiheit läßt, beinahe unausbleiblich. Denn da werden sich immer einige Selbstdenkende, sogar unter den eingesetzten Vormündern des großen Haufens, finden, welche, nachdem sie das Joch der Unmündigkeit selbst abgeworfen haben, den Geist einer vernünftigen Schätzung des eigenen Werts und des Berufs jedes Menschen, selbst zu denken, um sich verbreiten werden. Besonders ist hiebei: daß das Publikum, welches zuvor von ihnen unter dieses Joch gebracht worden, sie hernach selbst zwingt, darunter zu bleiben, wenn es von einigen seiner Vormünder, die selbst aller Aufklärung unfähig sind, dazu aufgewiegelt worden; so schädlich ist es, Vorurteile zu pflanzen, weil sie sich zuletzt an denen selbst rächen, die, oder deren Vorgänger, ihre Urheber gewesen sind. Daher kann ein Publikum nur langsam zur Aufklärung gelangen. Durch eine Revolution wird vielleicht wohl ein Abfall von persönlichem Despotism und gewinnsüchtiger oder herrschsüchtiger Bedrückung, aber niemals wahre Reform der Denkungsart zu Stande kommen; sondern neue Vorurteile werden, eben sowohl als die alten, zum Leitbande des gedankenlosen großen Haufens dienen.

Zu dieser Aufklärung aber wird nichts erfordert als *Freiheit*; und zwar die unschädlichste unter allem, was nur Freiheit heißen mag, nämlich die: von seiner Vernunft in allen Stücken *öffentlichen Gebrauch* zu machen.

Reiner Kunze

Vers zur Jahrtausendwende

Wir haben immer eine wahl,
und sei's, uns denen nicht zu beugen,
die sie uns nahmen

5

DER GIPFEL DER GLÜCKSELIGKEIT

*Ich bin dir, Zufall, zuvorgekommen
und habe dein Eindringen ganz verhindert.
Und weder dir noch irgendeiner anderen Ablenkung
werden wir uns ausliefern.
Aber wenn es nötig ist, dass wir gehen,
dann werden wir mächtig auf das Leben und auf die,
die sich töricht an es klammern, spucken.
Wir werden aus dem Leben gehen,
ein schönes Freudenlied auf den Lippen,
da wir ein gutes Leben gehabt haben.*

Epikur

Theodor W. Adorno

Sur l'eau

Auf die Frage nach dem Ziel der emanzipierten Gesellschaft erhält man Antworten wie die Erfüllung der menschlichen Möglichkeiten oder den Reichtum des Lebens. So illegitim die unvermeidliche Frage, so unvermeidlich das Abstoßende, Auftrumpfende der Antwort, welche die Erinnerung an das sozialdemokratische Persönlichkeitsideal vollbärtiger Naturalisten der neunziger Jahre aufruft, die sich ausleben wollten. Zart wäre einzig das Gröbste: daß keiner mehr hungern soll. Alles andere setzt für einen Zustand, der nach menschlichen Bedürfnissen zu bestimmen wäre, ein menschliches Verhalten an, das am Modell der Produktion als Selbstzweck gebildet ist. In das Wunschbild des ungehemmten, kraftstrotzenden, schöpferischen Menschen ist eben der Fetischismus der Ware eingesickert, der in der bürgerlichen Gesellschaft Hemmung, Ohnmacht, die Sterilität des Immergleichen mit sich führt.

Der Begriff der Dynamik, der zu der bürgerlichen »Geschichtslosigkeit« komplementär gehört, wird zum Absoluten erhöht, während er doch, als anthropologischer Reflex der Produktionsgesetze, in der emanzipierten Gesellschaft selber dem Bedürfnis kritisch konfrontiert werden müßte. Die Vorstellung vom fessellosen Tun, dem ununterbrochenen Zeugen, der pausbäckigen Unersättlichkeit, der Freiheit als Hochbetrieb zehrt von jenem bürgerlichen Naturbegriff, der von je einzig dazu getaugt hat, die gesellschaftliche Gewalt als unabänderliche, als ein Stück gesunder Ewigkeit zu proklamieren. Darin und nicht in der vorgeblichen Gleichmacherei verharrten die positiven Entwürfe des Sozialismus, gegen die Marx sich sträubte, in der Barbarei.

Nicht das Erschlaffen der Menschheit im Wohlleben ist zu fürchten, sondern die wüste Erweiterung des in Allnatur vermummten Gesellschaftlichen, Kollektivität als blinde Wut des Machens. Die naiv unterstellte Eindeutigkeit der Entwicklungstendenz auf Steigerung der Produktion ist selber ein Stück jener Bürgerlichkeit, die Entwicklung nach einer Richtung nur zuläßt, weil sie, als Totalität zusammengeschlossen, von Quantifizierung beherrscht, der qualitativen Differenz feindlich ist.

Denkt man die emanzipierte Gesellschaft als Emanzipation gerade von solcher Totalität, dann werden Fluchtlinien sichtbar, die mit der Steigerung der Produktion und ihren menschlichen Spiegelungen wenig gemein haben. Wenn hemmungslose Leute keineswegs die angenehmsten und nicht einmal die freiesten sind, so könnte wohl die Gesellschaft, deren Fessel gefallen ist, darauf sich besinnen, daß auch die Produktivkräfte nicht das letzte Substrat des Menschen, sondern dessen auf die Warenproduktion historisch zugeschnittene Gestalt abgeben.

Vielleicht wird die wahre Gesellschaft der Entfaltung überdrüssig und läßt aus Freiheit Möglichkeiten ungenützt, anstatt unter irrem Zwang auf fremde Sterne einzustürmen. Einer Menschheit, welche Not nicht mehr kennt, dämmert gar etwas von dem Wahnhaften, Vergeblichen all der Veranstaltungen, welche bis dahin getroffen wurden, um der Not zu entgehen, und welche die Not mit dem Reichtum erweitert reproduzierten. Genuß selber würde davon berührt, so wie sein gegenwärtiges Schema von der Betriebsamkeit, dem Planen, seinen Willen Haben, Unterjochen nicht getrennt werden kann.

Rien faire comme une bête, auf dem Wasser liegen und friedlich in den Himmel schauen, »sein, sonst nichts, ohne alle weitere Bestimmung und Erfüllung« könnte an Stelle von Prozeß, Tun, Erfüllen treten und so wahrhaft das Versprechen der dialektischen Logik einlösen, in ihren Ursprung zu münden. Keiner unter den abstrakten Begriffen kommt der erfüllten Utopie näher als der vom ewigen Frieden. Zaungäste des Fortschritts wie Maupassant und Sternheim haben dieser Intention zum Ausdruck verholfen, so schüchtern, wie es deren Zerbrechlichkeit einzig verstattet ist.

Jean-Jacques Rousseau
Höchste Glückseligkeit

Ich habe in den Wechselfällen eines langen Lebens bemerkt, daß die Zeiten des süßesten Genusses und der lebhaftesten Freuden dennoch nicht diejenigen sind, deren Andenken am meisten anzieht und rührt. Diese kurzen Augenblicke des Taumels und der Leidenschaft, so lebhaft sie auch sein mögen, sind dennoch eben ihrer Lebhaftigkeit halber nur ganz vereinzelte Punkte auf der Linie des Lebens. Sie sind zu selten und zu flüchtig, um einen Zustand auszumachen, und das Glück, das mein Herz vermißt, besteht nicht aus flüchtigen Augenblicken, sondern es ist ein einfacher und dauerhafter Zustand, der an sich nichts Lebhaftes hat, dessen Dauer den Reiz jedoch so erhöht, daß man schließlich die höchste Glückseligkeit darin findet.

Auf Erden ist alles in einer immerwährenden Bewegung: Nichts behält eine feste, bleibende Gestalt, und unsere Neigungen, die sich an äußerliche Dinge heften, vergehen und verändern sich notwendigerweise mit jenen. Sie sind immer vor oder hinter uns, rufen uns daher das Vergangene zurück, das nicht mehr ist, oder nehmen das Zukünftige vorweg, das oft nicht sein darf: Es gibt dabei nichts Festes, woran das Herz sich hängen könnte. So hat man hienieden fast nur vergängliche Freuden; ich bezweifle, daß ein dauerhaftes Glück bekannt ist. Kaum gibt es bei unsren heftigsten Genüssen einen Augenblick, in dem unser Herz uns wirklich sagen könnte: «Ich wünschte, daß dieser Augenblick ewig währte.» Und wie kann man einen flüchtigen Zustand Glück nennen, der unser Herz noch immer unruhig und leer läßt, der uns etwas Vergangenes vermissen oder noch nach etwas Zukünftigem verlangen läßt?

Wenn es aber einen Zustand gibt, in welchem die Seele eine hinreichende Grundlage findet, um sich dort ganz und gar auszuruhen und ihr ganzes Wesen darin zu sammeln, ohne sich an das Vergangene erinnern oder sich das Zukünftige herbeiwünschen zu müssen; einen Zustand, in welchem die Zeit nichts für sie ist, das Gegenwärtige immer andauert, ohne doch seine Dauer und irgendeine Spur seiner Abfolge merken zu lassen, ohne irgendeine andere Empfindung von Verlust oder Genuß, von Freude oder Schmerz, Verlangen oder Furcht als allein diejenige unserer Existenz; und wenn einzig diese Empfindung sie ganz erfüllte – so kann derjenige, welcher sich in diesem Zustand befindet, sich glücklich nennen; und sein Glück ist nicht unvollkommen, arm und nur bedingt, wie jenes, das man in den Freuden des Lebens findet, sondern es ist ausreichend, vollkommen und erfüllt und hinterläßt keine Leere in der Seele, die diese auszufüllen wünschte.

In einem solchen Zustand befand ich mich auf der Petersinsel oft während meiner einsamen Träumereien, wenn ich entweder in meinem Nachen lag, den ich in der Strömung treiben ließ, oder am Ufer des stürmischen Sees saß oder anderswo am Ufer eines schönen Flusses oder eines Baches, der murmelnd über den Kies dahinfloß.

Was genießt man in einem solchen Zustand? Nichts, was

außerhalb von uns ist, nichts außer uns selbst und unser eigenes Dasein; solange dieser Zustand währt, ist man sich selbst genug, wie Gott. Die Empfindung unsrer Existenz, frei von jedem anderen Gefühl, ist an sich selbst schon eine kostbare Empfindung der Zufriedenheit und der Ruhe; sie allein wäre schon hinlänglich, demjenigen dieses Dasein wert und angenehm zu machen, der all die sinnlichen irdischen Eindrücke von sich fernzuhalten wüßte, die uns unaufhörlich davon ablenken und hienieden ihre Süßigkeit vergällen.

Aber die meisten Menschen sind stets von Leidenschaften bewegt und kennen daher diesen Zustand kaum, und da sie ihn nur unvollkommen während weniger Augenblicke genossen haben, behalten sie nur eine dunkle und wirre Vorstellung davon, die sie den Reiz dieses Zustandes nicht erkennen läßt.

Bei der gegenwärtigen Lage der Dinge wäre es auch nicht gut, wenn ihnen die Begier nach diesen süßen Verzückungen das tätige Leben verleidete, dessen Pflichten ihnen durch ihre sich ständig erneuernden Bedürfnisse auferlegt werden. Aber ein Unglücklicher, der aus der menschlichen Gemeinschaft verstoßen wurde und der hienieden weder für andere noch für sich etwas Gutes und Nützliches tun kann, der kann in diesem Zustand einen Ersatz für jede menschliche Glückseligkeit finden, den ihm weder das Schicksal noch die Menschen rauben können.

Friedrich Schlegel

Idylle über den Müßiggang

Sieh ich lernte von selbst, und ein Gott hat mancherlei Weisen mir in die Seele gepflanzt.« So darf ich kühnlich sagen, wenn nicht von der fröhlichen Wissenschaft der Poesie die Rede ist, sondern von der gottähnlichen Kunst der Faulheit. Mit wem sollte ich also lieber über den Müßiggang denken und reden als mit mir selbst? Und so sprach ich denn auch in jener unsterblichen Stunde, da mir der Genius eingab, das hohe Evangelium der echten Lust und Liebe zu verkündigen, zu mir selbst: »O Müßiggang, Müßiggang! du bist die Lebensluft der Unschuld und der Begeisterung; dich atmen die Seligen, und selig ist wer dich hat und hegt, du heiliges Kleinod! einziges Fragment von Gottähnlichkeit, das uns noch aus dem Paradiese blieb.« […]

Mit dem äußersten Unwillen dachte ich nun an die schlechten Menschen, welche den Schlaf vom Leben subtrahieren wollen. Sie haben wahrscheinlich nie geschlafen, und auch nie gelebt. Warum sind denn die Götter Götter, als weil sie mit Bewußtsein und Absicht nichts tun, weil sie das verstehen und Meister darin sind? Und wie streben die Dichter, die Weisen und die Heiligen auch darin den Göttern ähnlich zu werden! Wie wetteifern sie im Lobe der Einsamkeit, der Muße, und einer liberalen Sorglosigkeit und Untätigkeit! Und mit großem Recht: denn alles Gute und Schöne ist schon da und erhält sich durch seine eigne Kraft. Was soll also das unbedingte Streben und Fortschreiten ohne Stillstand und Mittelpunkt? Kann dieser Sturm und Drang der unendlichen Pflanze der Menschheit, die im Stillen von selbst wächst und sich bildet, nährenden Saft oder schöne Gestaltung geben?

Nichts ist es, dieses leere unruhige Treiben, als eine nordische Unart und wirkt auch nichts als Langeweile, fremde und eigne. Und womit beginnt und endigt es als mit der Antipathie gegen die Welt, die jetzt so gemein ist? Der unerfahrne Eigendünkel ahndet gar nicht, daß dies nur Mangel an Sinn und Verstand sei und hält es für hohen Unmut über die allgemeine Häßlichkeit der Welt und des Lebens, von denen er doch noch nicht einmal das leiseste Vorgefühl hat.

Er kann es nicht haben, denn der Fleiß und der Nutzen sind die Todesengel mit dem feurigen Schwert, welche dem Menschen die Rückkehr ins Paradies verwehren. Nur mit Gelassenheit und Sanftmut, in der heiligen Stille der echten Passivität kann man sich an sein ganzes Ich erinnern, und die Welt und das Leben anschauen.

Martin Walser

Die Entdeckung des idealen Punktes

Eine Zeit lang notierte ich noch alles, dann nicht mehr. Es kommen natürlich immer noch Anrufe. Ich nehme das Telephon meistens ab und melde mich, wie ich glaube, mit lebhafter, heller Stimme. Ich spreche um ein Vielfaches schneller, als es mir – meinem Gefühl nach – entspricht. Ich will auch nicht das leiseste Anzeichen meines wirklichen Zustandes nach außen dringen lassen. Dementsprechend arrangiere ich auch den Inhalt meiner Antwortsätze. Ob nun am Telephon oder in Briefen oder auf Karten, ich sage immer das gleiche: keine Zeit, entsetzlich viel zu tun, breche wahrscheinlich bald zusammen unter soviel Arbeit; weiß nicht mehr, wo mir der Kopf steht vor lauter Terminen; wie ich das alles schaffen soll, ist mir völlig schleierhaft; bitte um Verständnis für diese Absage; das dürfte Jahre dauern, bis ich eine neue Verpflichtung eingehen kann; es steht zu fürchten, daß ich die übernommenen Arbeiten zu meinen Lebzeiten nicht mehr werde erledigen können; immer deutlicher wird alles, was ich tue, Fragment, ich breche immer früher ab, lasse immer mehr als endgültig Abgebrochenes liegen; das Unfertige wird mein Genre; ich habe keine Zeit mehr; ich bitte um Verständnis dafür, daß ich keine Zeit mehr habe; überhaupt keine Zeit mehr, in Eile, Ihr …

Ich bin froh, wenn ich wieder eine Antwort hinter mir habe. Dann sitze ich wieder den Rest des Tages, bis tief in die Nacht hinein, reglos. Ich habe einen Schreibtischsessel, den man nach hinten kippen kann. Gegen Abend, wenn das Blut in meinen Beinen versackt, kippe ich den Sessel nach hinten und lege die Beine in die Höhe. Ich habe etwas, worauf ich die Beine legen kann. Eine Art Ablagetisch mit 3 Ebenen. Je nach Bedarf kann ich so meine Beine höher, noch höher oder ganz hoch legen. Zum Essen stehe ich natürlich auf. Ich lebe ja in einer Familie. Ich gehe hinüber in das Zimmer, in dem gegessen wird. Genauso stehe ich auf, um abends das Licht anzumachen in meinem Zimmer. Ich will nicht im Dunkeln sitzen. Vor allem deshalb nicht, weil ich die Erfahrung gemacht habe, daß Geräusche, dadurch daß man sie im Dunkeln hört, einen anderen Ausdruck, eine andere Bedeutung annehmen, als ihnen zukommt. Ich ziehe auf jeden Fall die Bedeutung vor, die Geräusche haben, wenn man sie bei Licht hört. Kriegen Geräusche im Dunkeln nicht etwas Übermächtiges? Mir jedenfalls verwehren sie das Weiteratmen. Also, ich bin geradezu darauf angewiesen, Geräusche bei Licht entgegenzunehmen. Daß ich die Geräusche im Dunkeln als übermächtig empfinde, hat übrigens nichts mit Angst zu tun. Ich bilde mir überhaupt nicht ein, daß jemand, der mir gefährlich werden könnte, diese Geräusche verursacht. Es sind die Geräusche selbst, die puren Geräusche, die – vielleicht gerade in ihrer Nichtzurückführbarkeit – so übermächtig bzw. atemraubend werden. Der mit meinem eigenen Rhythmus absolut unvereinbare Rhythmus der Geräusche macht sie so mächtig. Aber ich kann mich ihrer ja leicht erwehren: ich gehe zum Schalter, mache das Licht an, alle Geräuschprobleme sind verschwunden. Ich sitze wieder ruhig und ruhig atmend in meinem Sessel und schaue dahin, wo ich gerade hinschaue. Zum Glück brauche ich auch keinen besonderen Punkt, kein Objekt. Ich kann überall hinschauen, auf jede Stelle; das spielt überhaupt keine Rolle, da ich ja, obwohl ich auch nicht mit Gedanken beschäftigt bin, die Stelle, die ich anschaue, nicht sehe, nicht wahrnehme. Auch Gestern und Morgen spielen keine Rolle in meinen Gedanken. Auch nicht Heute. Und am wenigsten der augenblickliche Augenblick. Das Schönste ist, finde ich, daß es mir überhaupt nicht langweilig ist. Ich spüre weder Drang noch Leere, weder Furcht noch Hoffnung, noch Sehnsucht. So füllt mich das Sitzen aus.

So interessant ist es, sich weder innen noch außen an etwas zu verlieren, was dann doch nicht ich selber bin. So interessant ist es offenbar, auf die Stelle zu schauen oder auf der Stelle zu sein oder auf die Stelle zu schauen und auf der Stelle zu sein, die weder innen ist noch außen. Ich habe das Gefühl, es herrsche in der völligen Ausgeräumtheit dieser Weder-innen-noch-außen-Stelle ein Gleichgewicht. Woher sonst die Ruhe. Es ist wirklich eine große Ruhe an meiner Stelle.

Wenn mich plötzlich – was oft genug vorkommt – die Erinnerung an die Welt und ihre Zustände überfällt, und zwar mit der Wucht einer Explosion, daß ich erschrecke und zuerst einmal eine Zeit lang zittere, wenn ich mich dann fassen will und mich dann wieder gehenlassen will, wenn ich dann merke, daß ich schon wieder auf dem Weg zu meiner Stelle bin, daß ich sie gleich wieder erreicht haben werde, dann denke ich jedes Mal noch daran – weil ich jetzt doch gerade von der Welt zurückkehre und sie mir sozusagen noch in allen Knochen steckt –, ob mein Zustand, in dem ich gleich wieder sein werde, vielleicht schon in einem Philosophiebuch beschrieben ist als das Beste-Schönste, das allen zu wünschen wäre. Aber dann bin ich schon wieder in meinem Zustand und solche Überlegungen entfallen, sind schon entfallen, lang schon. Ich bin wieder ruhig. Muß nichts tun.

Dann wäre mit mir also alles in Ordnung? Bin ich nicht mit Recht dabei, mich der ganzen Menschheit zu empfehlen? Habe ich nicht die ideale Stelle entdeckt? Ja, ja und noch einmal ja. Wenn ich noch einen Rest von Verantwortungsgefühl für alles hätte, müßte ich sogar ganz dringend um meine Aufnahme in alle Lehr- und Beispielbücher der Menschheit bitten. Ich habe die Lösung. Ich bin die Lösung. Aber – und ich kann, wenn ich das sage, eine Art mir sonst fremd gewordener Energie nicht ganz am Aufwallen verhindern – es gibt noch etwas, das mich immer noch hindert, meinen Zustand als schlechterdings beispielhaft zu empfehlen; so komisch das klingt, ich schäme mich für diesen Zustand. Und diese Scham ist offenbar wachsamer und stärker und größer und umfassender als alle Segnungen, die mein Zustand erbringt. Sie hüllt ihn sozusagen ganz ein. Es ist schon alles so ideal, wie ich es dargestellt habe, aber ich kann keine Sekunde vergessen, daß ich mich genau dafür schämen muß. Das muß etwas Altes sein. Eine Energie vielleicht. Die mich hindert.

Plutarch

Pyrrhos-Siege

Es lebte damals ein Thessaler Kineas, ein Mann, der als sehr klug galt, den Redner Demosthenes gehört hatte und von den Rednern jener Zeit allein (oder am ehesten) den Hörern gleichsam einen Nachklang der Redegewalt jenes Mannes zu vermitteln schien. Er gehörte zum Kreise des Pyrrhos, und wenn er als Gesandter zu den Städten kam, so bekräftigte er das Wort des Euripides:

> »Alles wohl erzwingt das Wort,
> Was Feindes Eisen sonst erwirken mag.«

So sagte Pyrrhos, daß mehr Städte von Kineas durch Worte als von ihm selbst durch Waffen gewonnen worden seien, und er ehrte den Mann stets aufs höchste und bediente sich seiner. Als dieser den Pyrrhos damals zum Feldzug nach Italien entschlossen sah, knüpfte er in einer Mußestunde folgendes Gespräch mit ihm an:

»Große Krieger sind die Römer, so heißt es, mein Pyrrhos, und herrschen über viele streitbare Völker. Wenn nun ein Gott es fügte, daß wir die Männer besiegen, wie werden wir den Sieg ausnützen?«

Pyrrhos antwortete: »Die Antwort auf deine Frage liegt klar zutage, Kineas. Weder eine barbarische noch eine griechische Stadt dort wird uns noch gewachsen sein, wenn die Römer besiegt sind, sondern wir werden sofort Herren ganz Italiens sein, dessen Größe, Fruchtbarkeit und Macht wohl eher jedem andern als dir unbekannt sein dürfte.«

Nach einer kleinen Pause fuhr Kineas fort: »Und wenn wir Italien haben, mein König, was tun wir dann?« Und Pyrrhos, der noch nicht merkte, worauf er hinaus wollte: »Aus dichter Nähe streckt Sizilien seine Hände aus, eine gesegnete, stark bevölkerte Insel und dabei sehr leicht zu gewinnen. Denn dort ist jetzt alles im Aufruhr, Kineas, Anarchie in den Städten und Frechheit der Demagogen, seit Agathokles tot ist.«

»Das klingt einleuchtend«, sagte Kineas; »aber ist dies das Ziel unseres Feldzuges, Sizilien zu erobern?«

»Ein Gott möge uns Sieg und Erfolg schenken«, sagte Pyrrhos. »Aber das sollen für uns nur Vorspiele großer Taten sein. Denn wer möchte die Hände von Afrika und von Karthago lassen, wenn er es in den Griff bekommt, das Agathokles, als er aus Syrakus heimlich entwichen und mit wenigen Schiffen übergesetzt war, um ein Haar in seine Gewalt bekommen hätte. Daß uns aber, wenn wir über das alles Herr geworden sind, keiner der jetzt übermütigen Feinde widerstehen wird, ist darüber ein Wort zu verlieren?«

»Nein«, erwiderte Kineas. »Denn es ist klar, daß es auf der Grundlage einer solchen Macht möglich sein wird, Makedonien wiederzugewinnen und Griechenland sicher zu beherrschen. Wenn aber das alles uns unterworfen ist, was werden wir dann tun?«

Und Pyrrhos sagte lachend: »Dann werden wir tiefe Ruhe genießen, und der Becher, mein Lieber, soll uns jeden Tag vereinen, und wir werden beisammen sein und uns durch Reden erfreuen.«

Als Kineas in der Diskussion den Pyrrhos an diesen Punkt geführt hatte, sagte er: »Was hindert uns dann jetzt, wenn wir nur wollen, dem Becher zuzusprechen und in Ruhe miteinander zu leben, wenn wir das schon haben und es uns ohne Mühe zur Verfügung steht, was wir durch Blut und große Mühsale und Gefahren erreichen wollen, nachdem wir viel Böses anderen angetan und selbst erlitten haben?«

Hans Magnus Enzensberger

Wille und Vorstellung

Er glaubt zu wissen was er will
Er gibt sein Bestes
Er strebt Er schuftet
Er schafft es Er steigt
Hut ab vor diesem Mühseligen
Ein Luftzug hat ihn getragen
Ein Wind

Wie dieses Ahornblatt
das dort oben schwebt
mutwillig trudelt schwankt
noch einmal hochsteigt
langsam sinkt Willenlos daliegt
Ruht eine Weile Raschelt
Verfärbt sich

Arthur Schopenhauer

Gegenwart

Ein wichtiger Punkt der Lebensweisheit besteht in dem richtigen Verhältnis, in welchem wir unsere Aufmerksamkeit teils der Gegenwart, teils der Zukunft widmen, damit nicht die eine uns die andere verderbe, viele leben zu sehr in der Gegenwart: die Leichtsinnigen; – andere zu sehr in der Zukunft: die Ängstlichen und Besorglichen. Selten wird einer genau das rechte Maß halten. Die, welche, mittelst Streben und Hoffen nur in der Zukunft leben, immer vorwärtssehn und mit Ungeduld den kommenden Dingen entgegeneilen, als welche allererst das wahre Glück bringen sollen, inzwischen aber die Gegenwart unbeachtet und ungenossen vorbeiziehn lassen, sind, trotz ihren altklugen Mienen, jenen Eseln in Italien zu vergleichen, deren Schritt dadurch beschleunigt wird, daß an einem, ihrem Kopf angehefteten Stock ein Bündel Heu hängt, welches sie daher stets dicht vor sich sehn und zu erreichen hoffen. Denn sie betrügen sich selbst um ihr ganzes Dasein, indem sie stets nur ad interim leben, – bis sie tot sind. – Statt also mit den Plänen und Sorgen für die Zukunft ausschließlich und immerdar beschäftigt zu sein, oder aber uns der Sehnsucht nach der Vergangenheit hinzugeben, sollten wir nie vergessen, daß die Gegenwart al-

lein real und allein gewiß ist; hingegen die Zukunft fast immer anders ausfällt, als wir sie denken; ja, auch die Vergangenheit anders war; und zwar so, daß es mit beiden, im ganzen, weniger auf sich hat, als es uns scheint. Denn die Ferne, welche dem Auge die Gegenstände verkleinert, vergrößert sie dem Gedanken. Die Gegenwart allein ist wahr und wirklich: sie ist die real erfüllte Zeit, und ausschließlich in ihr liegt unser Dasein. Daher sollten wir sie stets einer heitern Aufnahme würdigen, folglich jede erträgliche und von unmittelbaren Widerwärtigkeiten, oder Schmerzen, freie Stunde mit Bewußtsein als solche genießen, d. h. sie nicht trüben durch verdrießliche Gesichter über verfehlte Hoffnungen in der Vergangenheit, oder Besorgnisse für die Zukunft. Denn es ist durchaus töricht, eine gute gegenwärtige Stunde von sich zu stoßen, oder sie sich mutwillig zu verderben, aus Verdruß über das Vergangene, oder Besorgnis wegen des Kommenden. [...]
Und zu beunruhigen sind bloß solche künftige Übel berechtigt, welche gewiß sind und deren Eintrittszeit ebenfalls gewiß ist. Dies werden aber sehr wenige sein: denn die Übel sind entweder bloß möglich, allenfalls wahrscheinlich; oder sie sind zwar gewiß; allein ihre Eintrittszeit ist völlig ungewiß. Läßt man nun auf diese beiden Arten sich ein; so hat man keinen ruhigen Augenblick mehr. Um also nicht der Ruhe unsers Lebens durch ungewisse, oder unbestimmte Übel verlustig zu werden, müssen wir uns gewöhnen, jene anzusehn, als kämen sie nie; diese, als kämen sie gewiß nicht sobald.
Je mehr nun aber einem die Furcht Ruhe läßt, desto mehr beunruhigen ihn die Wünsche, die Begierden und Ansprüche. Goethes so beliebtes Lied, »ich hab' mein' Sach auf nichts gestellt«, besagt eigentlich, daß erst nachdem der Mensch aus allen möglichen Ansprüchen herausgetrieben und auf das

nackte, kahle Dasein zurückgewiesen ist, er derjenigen Geistesruhe teilhaft wird, welche die Grundlage des menschlichen Glückes ausmacht, indem sie nötig ist, um die Gegenwart, und somit das ganze Leben, genießbar zu finden. Zu eben diesem Zwecke sollten wir stets eingedenk sein, daß der heutige Tag nur einmal kommt und nimmer wieder. Aber wir wähnen, er komme morgen wieder: morgen ist jedoch ein anderer Tag, der auch nur einmal kommt. Wir aber vergessen, daß jeder Tag ein integrierender und daher unersetzlicher Teil des Lebens ist, und betrachten ihn vielmehr als unter demselben so enthalten, wie die Individuen unter dem Gemeinbegriff. – Ebenfalls würden wir die Gegenwart besser würdigen und genießen, wenn wir, in guten und gesunden Tagen, uns stets bewußt wären, wie, in Krankheiten, oder Betrübnissen, die Erinnerung uns jede schmerz- und entbehrungslose Stunde als unendlich beneidenswert, als ein verlorenes Paradies, als einen verkannten Freund vorhält. Aber wir verleben unsre schönen Tage, ohne sie zu bemerken: erst wann die schlimmen kommen, wünschen wir jene zurück. Tausend heitere, angenehme Stunden lassen wir, mit verdrießlichem Gesicht, ungenossen an uns vorüberziehn, um nachher, zur trüben Zeit, mit vergeblicher Sehnsucht ihnen nachzuseufzen. Statt dessen sollten wir jede erträgliche Gegenwart, auch die alltägliche, welche wir jetzt so gleichgültig vorüberziehn lassen, und wohl gar noch ungeduldig nachschieben, – in Ehren halten, stets eingedenk, daß sie eben jetzt hinüberwallt in jene Apotheose der Vergangenheit, woselbst sie fortan, vom Lichte der Unvergänglichkeit umstrahlt, vom Gedächtnisse aufbewahrt wird, um, wann dieses einst, besonders zur schlimmen Stunde, den Vorhang lüftet, als ein Gegenstand unsrer innigen Sehnsucht sich darzustellen.

Karl Kraus

Ich kannte einen Hund

Ich kannte einen Hund, der war so groß wie ein Mann, so arglos wie ein Kind und so weise wie ein Greis. Er schien so viel Zeit zu haben, wie in ein Menschenleben nicht geht. Wenn er sich sonnte und einen dabei ansah, war es, als wollte er sagen: Was eilt ihr so? Und er hätte es gewiß gesagt, wenn man nur gewartet hätte.

Wilhelm Schmid

Die Zeit gebrauchen

❦

Dass Leben sich grundsätzlich in der Zeit abspielt, ist trivial, allerdings ist sich gerade das moderne Subjekt, das in hohem Maße in der Zeit lebt, dessen offenkundig nur selten bewusst. Eine grundlegende Technik der Lebenskunst ist daher der bewusste *Gebrauch der Zeit*, um die existentielle Zeit zu nutzen und sie nicht im bloßen *Verbrauch* zu verlieren, nicht dem Diktat einer herrschenden Auffassung von Zeit nur zu folgen, sondern sich die Zeit selbst anzueignen – auch dies ein Eigentum, das unmittelbar an die Selbstaneignung und Selbstmächtigkeit gebunden ist.

Die enorme Schwierigkeit eines Gebrauchs der Zeit besteht jedoch darin, dass deren Seinsweise immateriell, unkörperlich, unsichtbar und unfassbar ist; das Bedürfnis, das Unfassbare fassbar zu machen, hat seit altersher die verschiedensten Arten von Zeitmessgeräten hervorgetrieben, mit deren Hilfe freilich die eigentliche Frage nicht zu beantworten ist: *Was ist Zeit?*

Was die Zeit eigentlich ist, hat noch nie jemand zu sagen gewusst, sodass Zweifel daran, ob es sie wirklich gibt, berechtigt sein könnten. Für die Lebensführung genügt jedoch der simple Befund, dass in allen Wesen, Dingen und Verhältnissen offenkundig Prozesse wirksam sind, die bewirken, dass ein gegenwärtiger Zustand, der mit großer Selbstverständlichkeit die Wirklichkeit allein für sich beansprucht, vergeht, und, wenn er vergangen ist, nicht wiederherstellbar ist. Wahrnehmbar ist der Prozess nur als vergangener, wahrnehmbar durch den Vergleich dessen, was ist, mit dem, was vergangen ist. Fatal an der Erfahrung von Zeit ist die Vergangenheit, die das Selbst sich zurückwünscht, um etwas noch einmal zu erleben oder um alles anders zu machen – diese vergangene Zeit aber kehrt nicht mehr zurück. Diese schmerzliche Konsequenz steht in signifikantem Kontrast zur beiläufigen Leichtigkeit, mit der die Zeit gehandhabt wird. Da sie so wenig fassbar ist, ist der Leichtsinn im Umgang mit ihr grenzenlos.

In Senecas Schrift ›Von der Kürze des Lebens‹ (*De brevitate vitae*) wird aus diesem Grund die Lebenszeit zur kostbaren Ressource erklärt, mit der sorgsam umzugehen ist, um sie nicht in der Kürze des jeweiligen Augenblicks zu verschleudern. Wer das Leben »lang« haben will, erreicht dies nicht durch eine wie auch immer geartete Verlängerung des Lebens, sondern nur durch eine zeitliche Erweiterung des geistigen Horizonts, um den gegenwärtigen Vollzug der Existenz im Licht des Vergangenen (der Erfahrungen, die jemals gemacht, und der Gedanken, die jemals gedacht worden sind), sowie des Künftigen (der Möglichkeiten, die sich abzeichnen und die denkbar sind) zu sehen. Die retrospektive und prospektive Erweiterung des Horizonts bewirkt eine Verdichtung des Lebens in der jeweiligen Gegenwart, in der allein gewählt und gehandelt werden kann. Das Selbst bewegt sich im weiten Horizont dessen, was war, um aus diesem unendlichen Fundus seine Orientierung für die Gegenwart zu gewinnen, und ebenso im unabsehbaren Horizont des Künftigen, weit über das eigene Leben hinaus, um das, was kommt, vorweg zu bedenken und vorzubereiten. So ist es nicht mehr eingeschlossen in die unmittelbar eigene, äußerst begrenzte Zeit.

Prekär ist jedoch das Verhältnis des Gegenwärtigen zum Künftigen, denn es handelt sich um das Verhältnis des Wirklichen zum Möglichen, das für das Leben insgesamt, insbesondere aber für die Lebenskunst, entscheidende Bedeutung hat. Prekär ist das Verhältnis aufgrund der *Schere der Zeit,* die zunächst weit geöffnet ist, im Laufe der Zeit jedoch sich schließt. Vom jeweiligen Punkt der Gegenwart aus gesehen, scheinen unabsehbare Möglichkeiten offen zu stehen, deren Realisierung bedenkenlos der schier endlosen Dauer der Zeit überlassen werden kann. In Wirklichkeit aber beginnt die Schere sich unmerklich zu schließen, unweigerlich verringert sich die Spannweite des Möglichen, in ständig sich verkürzenden Zeitspannen wird der Raum zur Realisierung der verbliebenen Möglichkeiten knapper. Wenn das Subjekt nicht längst Sorge dafür getragen hat, seine Vorstellungen von einem möglichen Leben auf den Weg zur Verwirklichung zu bringen, wächst mit dem Fortschreiten der Zeit allenfalls seine Verbitterung, denn die großen Träume erfüllen sich nun gewiss nicht mehr. Die Zeitschere zerschneidet die Zeit; das, was ist, und das, was künftig sein wird, rückt immer enger zusammen, bis es im Punkt der Gegenwart zusammentrifft und die Zeit endgültig durchtrennt wird. Dass die Schere sich schließt, ist nicht zu verhindern; zu verhindern ist jedoch, durch den rechtzeitigen Gebrauch der Zeit, dass sie die besten Möglichkeiten zerstört.

In der jeweiligen Gegenwart ist ein Anfang zu machen, um dem Leben eine Wendung zu geben und mit der Realisierung von Möglichkeiten zu beginnen. Die Gegenwart allein ist die

Zeit der Veränderung, sie ist jedoch auch der große Engpass der Zeit, denn die Möglichkeiten müssen durch dieses *Nadelöhr der Zeit* hindurch, um Wirklichkeit werden zu können. So reich die Möglichkeiten sein mögen, die zur Realisierung hin drängen, so arm an Gelegenheiten hierfür ist jede Gegenwart; welche Möglichkeit in der Gegenwart realisiert wird, ist noch dazu oft eine Frage des Zufalls, der momentanen Machtverhältnisse, der Intrigen und der Ironie, des Drängens, Schiebens und Ziehens – kein sehr erhebender Anblick. Während sich auf der einen Seite die Möglichkeiten stauen, die das Leben noch hat, solange die Schere der Zeit sie nicht entscheidend dezimiert, häuft sich auf der anderen Seite die abgelebte Wirklichkeit, die zur Vergangenheit wird. Ein Sinnbild für dieses Geschehen ist die Sanduhr: Da die Möglichkeiten, wie Sandkörner, nicht nebeneinander und nicht zugleich zum Zuge kommen können, bleibt nur das Prinzip des Nacheinander, der Sukzession. Soll dieses Prinzip bewusst genutzt werden, kommt es darauf an, die Möglichkeiten in eine Reihenfolge zu bringen, um sie nacheinander durch den Engpass der Gegenwart zu schleusen. Selbst widersprüchliche Möglichkeiten können lebbar gemacht werden durch ihre Sukzession in der Zeit. Der Versuch aber, zu viele Möglichkeiten auf einmal zu realisieren, produziert das Phänomen »Stress«. Das ist der Alltag des vielbeschäftigten Subjekts: Es versteht sich nicht aufs Leben, weil es sich nicht auf den Gebrauch der Zeit versteht. […]

Charakteristisch für die veränderte Zeitauffassung des Subjekts der Lebenskunst in einer anderen Moderne ist es, sich nicht mehr ständig zu martern mit den Fragen des modernen, rationalen Zeitkalküls der Art: Habe ich meine Zeit optimal genutzt? Womit habe ich sinnlos Minuten und Sekunden verloren? Das Zeitkalkül der reflektierten Lebenskunst kennt diese Fragen auch im umgekehrten Sinne: Wo habe ich meine Zeit mit Genuss vergeudet? Wo habe ich sie ohne Bedauern verschleudert? Die veränderte Zeitauffassung macht es möglich, den *widersprüchlichen Gebrauch der Zeit* vorsätzlich und bewusst zu leben: Die zur Verfügung; stehende Zeit einerseits gut zu nutzen, sie nicht ungenutzt verstreichen zu lassen, schon um äußeren Notwendigkeiten nachzukommen und eigene Vorstellungen zu realisieren und nicht eines Tages auf die Suche nach der verlorenen Zeit gehen zu müssen; andererseits aber Zeit mit Absicht dahingehen zu lassen und mit sinnlosen Beschäftigungen zu vertreiben, die Kunst des Müßiggangs zu pflegen und, wie in alten Kulturen des Raums, in den Tag hineinzuleben (*in horam vivere*) – nur um sich der Gewalt der rücksichtslos fortschreitenden Zeit zu entziehen.

Ein Wechselspiel zwischen erfüllter und leerer Zeit ist so in Gang zu setzen, wobei die erfüllte in Wahrheit die leere Zeit sein kann, die vordergründig leere wiederum die erfüllte. Die Zeit bewusst zu gebrauchen meint jedenfalls nicht zwangsläufig, die zur Verfügung stehende Zeit auszufüllen, sondern kann bedeuten, Räume der Leere zu schaffen, oder sie, wenn sie sich von selbst ergeben, hinzunehmen und zu akzeptieren, um in ihnen eine neue Fülle zu finden. Die leere Zeit hat den Vorteil, dysfunktional und frei von Ziel und Zweck zu sein; so kann sie damit angefüllt werden, nichts zu tun, zu flanieren und zu diskurrieren, in den Tag hinein zu träumen, sich der Sinnlichkeit hinzugeben. Es ist die leere Zeit, in der neue Gedanken gedacht und alte Erfahrungen verarbeitet, andere Gedanken aufgenommen und neue Erfahrungen gemacht werden; es ist die Zeit des Selbst, in der es seine Kohärenz wiederherstellen und neu formieren kann.

Die leere Zeit erlaubt, auf Distanz zum Gedränge der Gegenwart zu gehen, es gleichsam von Außen zu sehen und die Dimension des Künftigen wieder in den Blick zu bekommen. Das Selbst entzieht sich in der leeren Zeit der Versuchung, zu vieles zugleich zu realisieren; es gewinnt Zeit, da es zu wählen versteht und bereit ist, auf Möglichkeiten zu verzichten, sie sogar zu verschenken: Nicht alle Angebote müssen wahrgenommen, nicht alle Möglichkeiten realisiert werden. Infolgedessen gelangt das Selbst endlich in den *Besitz von Zeit* und »hat Zeit« für sich, für Andere und Anderes.

Zeit zu haben heißt, mehr zu haben als nur Zeit, nämlich aus der in der Zeit dahingelebten Form der Existenz herauszutreten und die ganze Aufmerksamkeit einer Person oder Sache zuzuwenden, die Anonymität und das Allgemeine zurückzudrängen und der Besonderheit und Komplexität der Zusammenhänge Raum zu geben, sei es in der Form des Gesprächs oder der Nachdenklichkeit. Zeit zu haben ist eine spezifische Art und Weise, mit Anderen, mit Dingen und mit sich selbst umzugehen, die von Aufmerksamkeit und Achtsamkeit, nicht von Gleichgültigkeit geprägt ist.

Mit der leeren Zeit sich anzufreunden ermöglicht, Geduld zu haben und zu warten, da die Leere kein Schreckgespenst mehr ist. Mit Geduld lässt sich ertragen, dass nicht alles hier und jetzt sogleich zu realisieren ist; der richtige Zeitpunkt (*kairós*) kann abgewartet werden, der eine Realisierung unter günstigeren Bedingungen erlaubt, wenn sich die Dinge ganz von selbst fügen. Es muss sich nicht um ein passives Abwarten handeln, die leere Zeit kann damit angefüllt sein, die künftige günstige Konstellation zu präparieren; jedenfalls aber geht es für das Selbst darum, sich selbst offen zu halten für das, was kommt. Diese Haltung erleichtert die Heraufkunft jener *pur-*

purnen Stunden, um derentwillen allein es sich zu leben lohnt, und von denen Oscar Wilde in einem Brief einmal sagt, dass man sie »diesem grauen, schleichenden Ding entreißen« kann, das wir »Zeit« nennen. Alle Kunst im Umgang mit der Zeit zielt darauf, diese Augenblicke zu erzeugen und das Selbst im entscheidenden Moment frei sein zu lassen dafür, um auch in einer erneuerten Lebenskunst die antike Lebenskunstformel zu bewahren: »Pflücke den Tag, genieße den Tag« (*carpe diem*), jeden einzelnen, ohne die Möglichkeit dazu jedem einzelnen Tag abzuverlangen. Denn die individuelle Zeit ist eingebettet in eine überwölbende Zeit, deren Gewölbe sich zwischen Widersprüchen spannt: Zwischen Kontinuität und Diskontinuität, zwischen Genuss und Verdruss, zwischen Euphorie und Tristesse. Mit diesen Widersprüchen zu leben, bedarf immer neuer existentieller Versuche.

Hilde Domin

Auf der andern Seite des Monds

Auf der andern Seite des Monds
gehen
in goldene Kleider gehüllt
deine wirklichen Tage
sie wohnen
wie sonst du
in Helle
verscheucht von hier
weggescheucht
wandeln sie dort
du weißt es sind deine.

Du aber empfängst
Morgen nach Morgen
ihre Stellvertreter:
fremder
als jedes fremde Land.
Du weißt
die deinen
wandeln in Helle
sie ziehen Tag um Tag
neben dir her
nur auf der anderen Seite des Monds.

6

VORSICHT, HOLZWEG!

*Man muss sich aus dem Einerlei der Alltagsgeschäfte
und dem Gefängnis der Politik befreien.*

Epikur

Seneca

Der ewige Kreislauf

Alle sind sie in der gleichen Lage: die von Leichtsinn, Überdruß und ständiger Neuerungssucht Geplagten, denen stets das als besser gilt, was sie eben gerade selbst liegengelassen haben, ebenso wie die Trägen und ewig Gelangweilten. Noch andere gehören dazu, die man am ehesten solchen vergleichen kann, die an Schlafstörungen leiden, sich hin und her wälzen, sich auf diese und jene Art zurechtlegen, bis sie vor Erschöpfung endlich zur Ruhe kommen: ständig ändern sie ihre Lebensgewohnheiten, um schließlich doch bei einer zu verharren; freilich nicht aus Widerwillen gegen weitere Veränderungen, sondern weil die neuerungsfeindliche Altersträgheit über sie kam. Und dazu noch diejenigen, die Beständigkeit nicht ihrer Ausdauer, sondern ihrer Trägheit verdanken, die nicht eigentlich ihrem Willen als vielmehr eingefahrenen Gewohnheiten folgen. Weiterhin gibt es noch unzählige Ausprägungen dieses Fehlers, alle mit derselben Wirkung: Unzufriedenheit mit sich selbst, die einer Sprunghaftigkeit des Geistes und ängstlichen, unerfüllten Trieben entstammt. Entweder fehlt es ihnen zum Durchsetzen ihrer Ziele an der nötigen Entschlossenheit, oder der Erfolg stellt sich nicht ein – worauf sie sich dann ganz aufs Hoffen verlegen. Ständig sind sie in Unruhe und Bewegung, wie es Unschlüssigen notwendigerweise zu ergehen pflegt. Mit allen Mitteln verfolgen sie ihre eigensüchtigen Wünsche; sie überreden, ja zwingen sich sogar zu Schimpflichem und Schwierigem. Bleibt der Erfolg ihrer Anstrengungen aus, ärgert sie an ihrer Schande nur die Zwecklosigkeit. Nicht die Niedrigkeit ihres Wollens tut ihnen leid, sondern dessen Vergeblichkeit. So packt sie gleichermaßen die Reue über ihr Beginnen und die Angst vor einem neuen Anfang. Es schleicht sich da jene geistige Unruhe ein, die nie ein Ende findet – weil sie ihre Begierden weder zügeln noch ausleben können –; es kommt zum Stillstand des an seiner Entfaltung gehinderten Lebens und inmitten gescheiterter Wünsche zu geistiger Lähmung. Alles das erweist sich nun als noch bedrückender, wenn sie sich enttäuscht über das Scheitern ihrer Geschäftigkeit in die Muße des Privatlebens flüchten, in Spezialstudien, die nun gar nichts sind für einen auf politische Tätigkeit gerichteten, tatendurstigen und von Natur aus unruhigen Geist, der viel zuwenig Rückhalt an sich selbst hat. Entzieht man einem solchen die Annehmlichkeiten, die Vielbeschäftigte gerade im Gewühl des Alltags finden, so sieht er sich wider Willen auf sich selbst verwiesen und kann es in der häuslichen Zurückgezogenheit seiner vier Wände nicht mehr aushalten. Daher rührt der Ekel, das Mißfallen an sich selbst, die geistige Haltlosigkeit, das mühsame, gequälte Ausharren in der eigenen Mußezeit! Wenn sie sich nun noch aus Schamhaftigkeit scheuen, die Ursachen einzugestehen, und sich innerlich damit abquälen, was wird geschehen? Die in die Enge getriebenen Leidenschaften sehen keinen Ausweg und beginnen, ihre Kräfte gegeneinander zu richten. So kommt es zu Niedergeschlagenheit, Abgespanntheit und tausendfachem Aufwallen verstörter Gemüter, die durch frische Hoffnungen hochgemut, durch begrabene Hoffnungen mutlos werden; kurz, zu einer Stimmung, in der sie ihre Muße verwünschen, über Beschäftigungslosigkeit klagen und die Fortschritte anderer mit Haß und Neid verfolgen. Erfolglose Untätigkeit wird zum Nährboden für den giftigsten Neid, und weil sie sich selbst nicht zur Geltung bringen konnten, wünschen sie allen den Untergang.

Aus solchem Mißvergnügen an den Erfolgen der anderen und der Verzweiflung am eigenen Fortkommen nährt sich schließlich der Zorn gegen das Schicksal: man jammert über den Lauf der Welt, zieht sich in den Schmollwinkel zurück, hegt und pflegt seine eigene Strafe, wird ergriffen von Scham und Ekel vor sich selbst. Ist doch der menschliche Geist von Natur aus beweglich, veränderungsfreudig und dankbar für jede Gelegenheit, sich erregen und entrücken zu lassen. Besonders willkommen ist derlei freilich gerade den fragwürdigsten Geistern, die sich nur allzugern von Beschäftigungen aufreiben lassen. Wie es Geschwüre gibt, die schädliches Betasten herausfordern und gern berührt werden wollen, wie die häßliche Krätze sich jedes wollüstige Kratzen gefallen läßt – genauso (möchte ich sagen) gibt es Gemüter, in denen Leidenschaften wie böse Geschwüre aufbrechen, denen Mühe und Plackereien wahres Vergnügen sind. Gibt's doch auch mancherlei, was unserem Körper gleichermaßen Schmerz und Lust bringt: wie sich abwechselnd auf die ausgeruhte Seite werfen, die verschiedenen Körperlagen durchprobieren, ganz wie Homers Achill, der sich bald auf die Bauch-, bald auf die Rückenseite wirft, die unterschiedlichsten Lagen wählt nach Art eines Kranken, der nichts lange aushält und sich von jeder Veränderung Linderung verspricht. Aufs Geratewohl werden

Reisen unternommen, man irrt am Ufer entlang und versucht sich zur See und zu Lande mit einer Unbeständigkeit, der jede Gegenwart mißfällt. »Auf nach Kampanien!« Bald ist man das Schlemmerleben satt, dann heißt's: »Urwüchsige Natur wollen wir sehen, die Bergwälder Bruttiens und Lukaniens durchwandern!« Doch auch inmitten der Einöde hält man nach lieblicher Abwechslung Ausschau, die verwöhnten Augen wollen sich vom Schauder der schrecklichen Landschaft erholen: »Nach Tarent sollte es gehen, seinem gepriesenen Hafen, seinem milden Winterklima, einer Gegend, die schon früher ihre Leute nährte!« –Doch lange genug haben unsere Ohren Beifallsklatschen und Publikumslärm entbehrt, auch möchte man wieder einmal Menschenblut fließen sehen: »Laßt uns drum endlich nach Rom zurückkehren!« So folgt eine Reise der anderen, ein Schauspiel dem nächsten, ganz wie Lukrez feststellt: ›So sucht jeder die Flucht vor sich selbst.‹ Aber was hilft das, wenn die Flucht mißlingt? Man bleibt sich zwar ständig auf der Spur, ist sich aber selbst der lästigste Begleiter. Darum müssen wir einfach wissen, daß unsere Leiden nichts mit den Örtlichkeiten zu tun haben, sondern mit uns selbst zusammenhängen. Wir sind es, die überhaupt nichts mehr vertragen können. Weder bei einem arbeitsamen noch bei einem genußreichen Leben, weder bei uns selbst noch irgendwoanders halten wir es länger aus. Trotz häufig wechselnder Pläne immer auf dasselbe zurückgeworfen zu werden, nichts Neues mehr finden zu können – dieses Los hat einige sogar schon in den Tod getrieben: allmählich wurden sie des Lebens und der ganzen Welt überdrüssig, und die bange Frage der haltlosen Lebewelt drängte sich auf: ›Wie lange soll der ewige Kreislauf dauern?‹

Gustav Schwab

Midas

Einst schweifte der mächtige Weingott Dionysos mit seinen Bakchantinnen und Satyrn hinüber nach Kleinasien. Dort lustwandelte er an den rebenumrankten Höhen des Tmolosgebirges, von seinem Gefolge begleitet. Nur Silenos, der greise Zecher, ward vermißt. Dieser war, vom Weinrausch überwältigt, eingeschlafen und so zurückgeblieben. Den schlummernden Alten fanden phrygische Bauern; da fesselten sie ihn mit Blumenkränzen und führten ihn zu ihrem Könige Midas.

Ehrfürchtig begrüßte derselbe den Freund des heiligen Gottes, nahm ihn wohl auf und bewirtete ihn mit fröhlichen Gelagen zehn Tage und Nächte lang. Am elften Morgen aber brachte der König seinen Gast auf die lydischen Gefilde, wo er ihn dem Bakchos übergab. Erfreut, seinen alten Genossen wiederzuhaben, forderte der Gott den König auf, sich eine Gabe von ihm zu erbitten.

Da sprach Midas: »Darf ich wählen, großer Bakchos, so schaffe, daß alles, was mein Leib berührt, sich in glänzendes Gold verwandle.« Der Gott bedauerte, daß jener keine bessere Wahl getroffen, doch winkte er dem Wunsche Erfüllung. Des schlimmen Geschenkes froh, eilte Midas hinweg und versuchte sogleich, ob die Verheißung sich auch bewähre; und siehe, der grünende Zweig, den er von einer Eiche brach, verwandelte sich in Gold. Rasch erhob er einen Stein vom Boden, der Stein ward zum funkelnden Goldklumpen. Er brach die reifen Ähren vom Halm und erntete Gold; das Obst, das er vom Baume pflückte, strahlte wie die Äpfel der Hesperiden. Ganz entzückt lief er hinein in seinen Palast. Kaum berührte sein Finger die Pfosten der Tür, so leuchteten die Pfosten wie Feuer; ja selbst das Wasser, in das er seine Hände tauchte, verwandelte sich in Gold.

Außer sich vor Freude, befahl er den Dienern, ihm ein leckeres Mahl zu richten. Bald stand der Tisch bereit, mit köstlichem Braten und weißem Brote belastet. Jetzt griff er nach dem Brote, – die heilige Gabe der Demeter ward zu steinhartem Metall; er steckte das Fleisch in den Mund, schimmerndes Blech klirrte ihm zwischen den Zähnen; er nahm den Pokal, den duftenden Wein zu schlürfen, – flüssiges Gold schien die Kehle hinabzugleiten.

Nun ward es ihm doch klar, welch ein schreckliches Gut er sich erbeten hatte; so reich und doch so arm, verwünschte er seine Torheit; denn nicht einmal Hunger und Durst konnte er stillen, ein entsetzlicher Tod war ihm gewiß. Verzweifelnd schlug er die Stirn mit der Faust, – o Schrecken, auch sein Antlitz strahlte und funkelte wie Gold. Da erhob er angstvoll die Hände zum Himmel empor und flehte: »O Gnade, Gnade, Vater Dionysos! Verzeih mir schwachsinnigem Sünder und nimm das gleißende Übel von mir!«

Bakchos, der freundliche Gott, erhörte die Bitte des reuigen Toren, er löste den Zauber und sprach: »Gehe hin zum Fluß Paktolos, bis du seine Quelle im Gebirge findest. Dort, wo das schäumende Wasser dem Felsen entsprudelt, dort tauche das Haupt in die kühle Flut, daß dich der glänzende Firnis verlasse. So spüle zugleich mit dem Golde die Schuld ab.«

Midas gehorchte dem göttlichen Befehl, und siehe, zur selbigen Stunde wich der Zauber von ihm; aber die goldschaffende Kraft ging auf den Strom über, welcher seitdem das kostbare Metall in reichem Maße mit sich führt.

Seit dieser Zeit haßte Midas allen Reichtum, verließ seinen prächtigen Palast und erging sich gern in Fluren und Wäldern, den ländlichen Gott Pan verehrend, dessen Lieblingsaufenthalt schattige Felsengrotten sind.

Max Weber

Der Geist des Kapitalismus

Einer der konstitutiven Bestandteile des modernen kapitalistischen Geistes, und nicht nur dieses, sondern der modernen Kultur: die rationale Lebensführung auf Grundlage der *Berufsidee*, ist – das sollten diese Darlegungen erweisen – geboren aus dem Geist der *christlichen Askese*. [...]

Der Puritaner *wollte* Berufsmensch sein, – wir *müssen* es sein. Denn indem die Askese aus den Mönchszellen heraus in das Berufsleben übertragen wurde und die innerweltliche Sittlichkeit zu beherrschen begann, half sie an ihrem Teile mit daran, jenen mächtigen Kosmos der modernen, an die technischen und ökonomischen Voraussetzungen mechanisch-maschineller Produktion gebundenen, Wirtschaftsordnung erbauen, der heute den Lebensstil aller Einzelnen, die in dies Triebwerk hineingeboren werden – nicht nur der direkt ökonomisch Erwerbstätigen –, mit überwältigendem Zwange bestimmt und vielleicht bestimmen wird, bis der letzte Zentner fossilen Brennstoffs verglüht ist. Nur wie »ein dünner Mantel, den man jederzeit abwerfen könnte«, sollte nach Baxters Ansicht die Sorge um die äußeren Güter um die Schultern seiner Heiligen liegen. Aber aus dem Mantel ließ das Verhängnis ein stahlhartes Gehäuse werden. Indem die Askese die Welt umzubauen und in der Welt sich auszuwirken unternahm, gewannen die äußeren Güter dieser Welt zunehmende und schließlich unentrinnbare Macht über den Menschen, wie niemals zuvor in der Geschichte. Heute ist ihr Geist – ob endgültig, wer weiß es? – aus diesem Gehäuse entwichen. Der siegreiche Kapitalismus jedenfalls bedarf, seit er auf mechanischer Grundlage ruht, dieser Stütze nicht mehr. Auch die rosige Stimmung ihrer lachenden Erbin: der Aufklärung, scheint endgültig im Verbleichen und als ein Gespenst ehemals religiöser Glaubensinhalte geht der Gedanke der »Berufspflicht« in unserm Leben um. Wo die »Berufserfüllung« nicht direkt zu den höchsten geistigen Kulturwerten in Beziehung gesetzt werden kann – oder wo nicht umgekehrt sie auch subjektiv einfach als ökonomischer Zwang empfunden werden muß –, da verzichtet der Einzelne heute meist auf ihre Ausdeutung überhaupt. Auf dem Gebiet seiner höchsten Entfesselung, in den Vereinigten Staaten, neigt das seines religiös-ethischen Sinnes entkleidete Erwerbsstreben heute dazu, sich mit rein agonalen Leidenschaften zu assoziieren, die ihm nicht selten geradezu den Charakter des Sports aufprägen. Niemand weiß noch, wer künftig in jenem Gehäuse wohnen wird und ob am Ende dieser ungeheuren Entwicklung ganz neue Propheten oder eine mächtige Wiedergeburt alter Gedanken und Ideale stehen werden, oder aber – wenn keins von beiden – mechanisierte Versteinerung, mit einer Art von krampfhaftem Sich-wichtig-nehmen verbrämt. Dann allerdings könnte für die »letzten Menschen« dieser Kulturentwicklung das Wort zur Wahrheit werden: »Fachmenschen ohne Geist, Genußmenschen ohne Herz: dies Nichts bildet sich ein, eine nie vorher erreichte Stufe des Menschentums erstiegen zu haben.«

Franz Kafka

Alles fühlt den Griff am Hals

❧

Ich war dieser Figur gegenüber wehrlos, ruhig saß sie beim Tisch und blickte auf die Tischplatte. Ich gieng im Kreis um sie herum und fühlte mich von ihr gewürgt. Um mich gieng ein dritter herum und fühlte sich von mir gewürgt. Um den dritten gieng ein vierter herum und fühlte sich von ihm gewürgt. Und so setzte es sich fort bis zu den Bewegungen der Gestirne und darüber hinaus. Alles fühlt den Griff am Hals.

Annemarie Pieper

Homo consumens

🍎

Vielleicht sind wir ja heute in mancher Hinsicht auf dem besten Weg zu einer ökonomisch ausgerichteten ästhetischen Lebensform, in welcher Hedonismus und Utilitarismus einander die Hand reichen, wenn man einmal rekonstruiert, wie sich in der westlichen Überflussgesellschaft das Menschenbild verändert hat. Die einstmals ganzheitliche Vorstellung des Menschen wurde immer differenzierter, aber auch immer fragmentarischer. Die Ausgrenzung bestimmter Fähigkeiten leistete einer gewissen Einseitigkeit Vorschub, und so ging über deren Verabsolutierung der Blick für das Ganze verloren.

Durch einseitige Betonung des Leistungsprinzips, damit verbunden eine Ideologie unbegrenzten Fortschritts im Bereich des Wissens und Wirtschaftens, ist das Individuum seiner ursprünglichen Ganzheitlichkeit verlustig gegangen. Die in der humanistischen Idee *des homo sapiens* – des weisen Menschen – zusammengefasste Vorstellung von Ganzheitlichkeit beinhaltet, dass die Tätigkeiten von Kopf, Herz und Hand (Pestalozzi) miteinander kooperieren, und zwar derart, dass sie sich gegenseitig zur Entwicklung und kreativen Umsetzung von Idealen anspornen. Aus diesem dem *homo sapiens* immanenten, aufeinander eingespielten Dreierverband von Kopf, Herz und Hand haben sich im Verlauf der Zeit als Erster *homo faber* – der Werkzeuge herstellende und handwerklich tätige Mensch – und als Nächster *homo oeconomicus* – der wirtschaftlich kalkulierende Mensch – abgesetzt und für sich etabliert, indem sie vom Kopf lediglich das zweckrationale Denken und die technische Erfindungsgabe, von der Hand nur die Bedienungsfunktion mitnahmen und das Herz in den Privatbereich verbannten.

In der Folge verstieg sich der Kopf ohne die emotionale Kraft des Herzens in Rationalisierungsprozesse und Nutzenkalküle, die der Steigerung von Macht durch ungebremsten wissenschaftlichen und wirtschaftlichen Fortschritt dienten. Die Hand verlor im Zuge der Technisierung von Arbeitsprozessen über der immer gleichen mechanischen Betätigung und mit der abnehmenden Vielseitigkeit von Handlungen ihre Gelenkigkeit. Und das Herz verstrickte sich ohne den mäßigenden Einfluss des Kopfes in irrationale Gefühligkeit.

Das inzwischen vorherrschende Ideal einer instrumentell verkürzten menschlichen Praxis, die auf der Basis von Nutzenkalkülen und Maximierungsstrategien ein maschinell unterstütztes quantitatives Wachstum in Gang setzte, hat dazu geführt, dass die auf diese Weise nicht nur arbeitenden, sondern ihr ganzes Leben organisierenden Menschen ebenso fragmentarisiert und einseitig wurden. Sie betrachteten von nun an den Teil, auf den sie ihr Selbstverständnis reduzierten, als das Ganze, mit dem Resultat, dass der Rest des ursprünglichen Ganzen verkümmerte. Das Glück des Kopfes schließt das des Herzens und der Hand aus, die ihrerseits ihr Glück für sich selbst suchen. Im Endeffekt sind sie jedoch alle drei unglücklich, weil sie nicht mehr miteinander, sondern gegeneinander handeln und die Ganzheit von *homo sapiens*, für die es keinen Anwalt, keine integrierende Kraft mehr gibt, zerstören. In diese Bresche ist die Unterhaltungsindustrie gesprungen.

Das Menschenbild, das uns heute aus der Werbung entgegenblickt, ist *homo consumens*, der durch und durch kommerzialisierte, genuss- und vergnügungssüchtige Mensch, der sich alles einverleibt, worauf er Lust und woran er Spaß hat. Gemäß dem Motto »Nach uns die Sintflut« soll das Leben voll ausgeschöpft werden, und die materielle Basis dazu wird von der Wirtschaft erwartet, die die Flut von immer neuen Glücksansprüchen umso lieber bedient, als sie vom Massenkonsum lebt.

Die den Wünschen des *homo consumens* angepasste ökonomische Lebensform bedarf einer Neubesinnung auf die kollektiven Grundlagen der Menschheit, einschließlich der kommenden Generationen, deren Glück von den heute Lebenden verspielt wird. Der zum Selbstzweck entartete utilitaristische Nutzenkalkül muss auf das Fundament einer Wert- und Güterlehre gestellt werden, die neben dem in einem materiellen Sinn guten Leben der Individuen das Wohl aller im Auge hat und zur politischen Verantwortung verpflichtet.

Der Zürcher Ökonomieprofessor Bruno S. Frey geht davon aus, dass das Ziel des Wirtschaftens darin besteht, die Menschen glücklich zu machen. In einer Studie hat er nachgewiesen, dass die Schweizer besonders glücklich sind: »Die Leute schätzen ihren Zustand auf einer Skala von 1 (sehr unzufrieden) bis 10 (sehr zufrieden) ein. Die Schweizer liegen im Durchschnitt bei 8,2 Punkten. Sie gehören damit zu den Allerglücklichsten.« Frey führt dies darauf zurück, dass sie in einer direkten Demokratie leben und entsprechend starke

Einflussmöglichkeiten auf Politik und Institutionen haben. »Je demokratischer und föderalistischer das System, desto zufriedener sind die Menschen.«

Andererseits haben auch demokratische Verhältnisse nicht verhindern können, dass im Zuge der Globalisierung die Industrie- und Wirtschaftsbosse im Verbund mit den Präsidenten der Großbanken zu heimlichen Drahtziehern in der Politik geworden sind. Infolgedessen bestimmen ökonomische Prinzipien und Rationalisierungsstrategien mehr und mehr nicht bloß das berufliche, sondern auch das Privatleben, das den gleichen Effizienzkriterien unterworfen wird: Angefangen vom Jogging, über die Zuwendung zu Lebenspartnern und Kindern bis hin zur Pflege freundschaftlicher Beziehungen werden menschliche Aktivitäten zunehmend am Nutzenprinzip ausgerichtet. Ob und mit welchen Verträgen Ehen geschlossen, Kinder gezeugt, Freundschaften aufrechterhalten werden, hängt vom errechneten Vorteil und damit vom Kostenfaktor als Glücksindikator ab.

Die Investitionen in derartige Kalküle machen sich bezahlt, aber eine auf Nutzenmaximierungsstrategien reduzierte Lebensform bringt Probleme mit sich, die das Glück mindern. Abgesehen davon, dass emotionale Intelligenz und soziale Kompetenz verkümmern, erregt wachsender Wohlstand bei denen, die nicht mithalten können oder wollen, Unlustgefühle. Zwar tut der *homo oeconomicus* diese rasch als Unmutsbezeugungen von Neidern und Zu-kurz-Gekommenen ab, aber offenbar kann sein Nachwuchs nur schwer damit umgehen. Der Persönlichkeitstrainer Jens Corssen bietet daher Seminare für Unternehmerkinder an, in denen sie lernen, mit dem »Sozialneid« ihrer Klassenkameraden umzugehen und ein Selbstbewusstsein zu entwickeln, das sie für Führungsaufgaben prädestiniert. »Das Seminar ist der Fahrschein für ein gutes Leben. Wohlhabend zu sein, muss nicht wehtun. Ich bringe den Jugendlichen Möglichkeiten bei, trotz Reichtum glücklich zu werden.«

Franz Hohler

Gutscheine

Es begann damit, dass ich es eines Tages müde wurde, bei der immer wiederkehrenden Frage der Verkäuferinnen: »Haben Sie eine Supercard?« mit immer wieder andern Formen von Verneinung zu antworten, also kapitulierte ich und schickte einen Anmeldungszettel ein. Der Besitz einer solchen Karte hat zunächst zur Folge, dass der Großverteiler für mich ein Punktekonto eröffnet, das nun langsam wächst, und mit der nötigen Anzahl Punkte kann ich mir aus einem Katalog Dinge bestellen, wie einen Flaschenkühler, ein Set Fitnesshanteln oder einen Tischgrill, und, das ist ein weiterer Vorteil, man wird in die Gutscheinaktionen mit einbezogen.

Da liegt, unbestellt und überraschend, ein Couvert für den Supercardinhaber im Briefkasten, aus dem Glücksangebote flattern, Rabatte noch und noch, 5 Rappen pro Liter beim Tanken, 5 Franken beim Kauf von Obst und Gemüse, 5 Franken beim frühzeitigen Erwerb von großen Osterhasenmengen, 10fache Superpunkte auf einen beliebigen Einkauf oder 15 Franken auf einen Betrag von über 100 Franken usw.

Es ist klar, dass eine optimale Verwertung dieser Rabattpalette eine minutiöse Planung verlangt, umso mehr als die Gutscheine nicht alle gleichzeitig und auch nur zu gestaffelten Zeiten gültig sind. Am einfachsten auszuscheiden ist für den Nichtautomobilisten der Benzingutschein, aber ab dann muss man sich kleine Listen machen, was man zu welcher Zeit einzukaufen gedenkt, um sich möglichst viele der Vergünstigungen zu holen. Im Übrigen war ich von Anfang an entschlossen, nichts Überflüssiges zu kaufen, das den Spareffekt wieder aufheben würde.

Und so stand ich nun mit dem Einkaufswagen und dem Einkaufszettel, den ich an einen Gutschein geheftet hatte, im Super Center, das in unserer Nähe in die Zukunft hinein gebaut wurde, mitten in einen Stadtteil, der erst im Entstehen ist, was dazu führt, dass das überdimensionierte Center, solange der Stadtteil noch nicht gebaut ist, angenehm leer ist und man an der Kasse immer gleich drankommt. Dennoch werden die scheinbar vollen Gestelle ununterbrochen aufgefüllt, für mich ist nie ganz klar, wer das alles braucht und kauft.

Jetzt war ich also einer der wenigen Käufer, und zwar hatte ich mir, da ich über einen Gutschein für 10 % auf alle »Non Food«-Produkte verfügte, ein Zettelchen mit ebensolchen Produkten angelegt, die in unserm Haushalt zu ergänzen waren, also z.B. lange Gläser, für die man den Namen Longdrinkgläser herausgefunden hat, Champagnergläser, weil sie sofort zerbrechen, wenn man einmal kräftig damit anstößt, oder Spritzdeckel, von denen ich gleich zwei bringen sollte, wie mich meine Frau ermahnte – diesen Auftrag nahm ich natürlich angesichts der zu erwartenden 10 % gelassen entgegen. Stabkerzen, Putzmittel, Putzschwämme ohne FCKW, Zahnpasta, naturgerecht hergestellte Watte, wiederverwertetes WC-Papier, die dreiklingigen Rasiermessereinsätze – ich legte eines nach dem andern aufs Rollband und präsentierte der Kassiererin sofort triumphierend meinen 10 %-Gutschein zusammen mit meiner Supercard. Sie scannte einen »Non Food«-Artikel nach dem andern, fuhr auch über den einsamen Halbrahm und das winzige Bauernbrot, rief dazwischen nach einer andern Verkäuferin und sagte mir, diesen Gutschein habe sie noch nie gesehen, sie sei eben neu hier.

Die andere Verkäuferin warf einen kurzen Blick auf meinen Gutschein und sagte dann trocken, der sei nur in der City-Filiale gültig. »Sehen Sie?« sagte sie zu mir und hielt ihren Zeigefinger unter das Wort »City«.

Ein Blick von mir genügte. Natürlich hatte sie Recht, und ich, der ich mich auf der Kampfbahn des Gutscheinwesens noch nicht auskenne, hatte Unrecht.

»Pfui«, sagte ich scherzhaft, und zu meinem Erstaunen war ich wirklich enttäuscht, wenn nicht gekränkt. Offensichtlich hatte ich mich auf die 10 % gefreut. Mechanisch packte ich alle Artikel, Food und Non Food, in den großen Rucksack auf meinem Einkaufswagen, bezahlte den Betrag von 90.50, und erst dann kam mir die Idee, die mir eigentlich gleich hätte kommen können, wäre ich nicht durch diesen Schlag zunächst wie betäubt gewesen.

»Wenn ich noch etwas dazu kaufe, so dass ich über 100 Franken komme, könnte ich dann *diesen* Gutschein brauchen?« fragte ich und zupfte aus meinem Glücksbündelchen den Bon, der bei einem Einkauf von über 100 Franken ganze 15 Franken Rabatt versprach.

Hilfesuchend schaute sich die Neue nach der Kollegin um, die vorher Bescheid gewusst hatte. Diese stand mit einer andern Verkäuferin an der Nebenkasse und wechselte die Papierrolle aus. Energisch schüttelte sie den Kopf, nein, das gehe auf keinen Fall, der Kauf sei ja schon abgeschlossen.

Als ich nun nochmals »Pfui!« rief, schaltete sich die zweite Kollegin ein, die offensichtlich eine Vorgesetzte war, kam zu unserer Kasse, schaute mütterlich die Neue und mich an und sagte dann, es gehe schon, aber sie, die Verkäuferin, müsse eine FM schreiben, und ich, der Käufer, müsse wieder zurück und alles nochmals aufs Rollband legen, zusammen mit dem, was ich zusätzlich kaufe.

Ich war einverstanden, drängte mich also mit meinem Wagen an der Kundin hinter mir vorbei, ging dann zum nächsten Gestell, auf dem mir biologisch abbaubare Unterhosen aufgefallen waren, oder naturreine jedenfalls, rechnete die 9.90 zu den 90.50 und erreichte damit die Schallgrenze des Rabatts. Leider gab es die Unterhosen in meiner Größe weder in blau noch in schwarz, nur in giftgrün, aber auf solche Details konnte ich keine Rücksicht nehmen. Während die Kundin hinter mir, eine Japanerin, von den zwei Verkäuferinnen hingehalten wurde, schrieb die Neue unter Anleitung der Vorgesetzten die erste FM ihres Lebens, dann zog ich alle meine Artikel wieder aus dem großen Rucksack und legte sie hinter den Unterhosen aufs Rollband, die Verkäuferin scannte sie nochmals, und zuletzt leuchtete auf dem Display der Endbetrag von 100.40 auf, ich war also als Konsument nahezu die Ideallinie gefahren.

Die Neue machte sich nun mit einem Zettelchen und einem Kugelschreiber ans Ausrechnen der Differenz, die ich noch zu bezahlen hatte, da traf mich der unbestechliche Blick der Vorgesetzten.

»Hatten Sie eine oder zwei Weinflaschen?« fragte sie.

Ich hatte zwei kleine Weißweinflaschen zum Kochen gekauft.

»Zwei«, sagte ich argwöhnisch.

»Da sind zweimal 30 Rappen Depot drauf, das zählt nicht als Kauf. Sie sind erst auf 99.80.«

»Und das genügt nicht?« fragte ich, wohl wissend, dass die Frage überflüssig war. Natürlich genügte es nicht, 100 Franken sind nun einmal 100 Franken, und jetzt gab es kein Zurück mehr, zu tief steckte ich schon in der Rabattfalle drin, ich defilierte also trotzig an der länger werdenden Schlange hinter mir vorbei zum Textilienregal und griff mir noch einen zweiten dieser wirklich abstoßend grünen Slips heraus und legte ihn wie eine Opfergabe vor die Kassiererin. Diese tippte die giftgrünen 9.90 ein und rechnete dann die neu entstandene Differenz aus, die ich zu bezahlen hatte, eine anspruchsvolle Rechnung, 110.30 minus 90.50, das ergab 19.80, weniger 15 Franken Rabatt, macht 4.80. Eigentlich hatte ich also für 4.80 zwei hässliche, wenn auch ökologisch unbedenkliche Unterhosen gekauft, die ich eigentlich gar nicht wollte.

Die Neue bedankte sich bei der Vorgesetzten – das hätte sie nie allein geschafft, sagte sie mit einem zweideutigen Blick auf mich, ich bedankte mich bei den beiden aufopferungswilligen Verkäuferinnen, aber ich brauchte eine Weile, um mich von den Strapazen des errungenen Rabatts zu erholen, und erst zu Hause merkte ich beim Studium meines Quittungsstreifens, dass ich doch noch profitiert hatte: Meine 89 Supercard-Punkte vom durch die FM annullierten Kauf, diese 89 Supercard-Punkte also wurden nicht gelöscht, sondern blieben einfach auf meinem Konto stehen, das sich nun schon der Grenze nähert, wo ich mir einen Kristallelefant kommen lassen kann oder einen Lifehammer, der jede Wagenscheibe durchschlägt und dessen Klinge sogar die Sicherheitsgurte durchschneidet.

Jean Giono

Der Wahnsinn des Geldes

Die Menschen haben einen neuen Planeten geschaffen, den Planeten des Elends und des körperlichen Unglücks. Sie haben die Erde verlassen. Sie wollen weder Früchte noch Korn, noch Freiheit, noch Freude. Sie wollen nichts anderes mehr als das, was sie selbst erfinden und herstellen. Sie machen sich Papierfetzen, die sie Geld nennen. Um eine größere Menge solcher Papierfetzen zu besitzen, beschließen sie, plötzlich hundertundsechzigtausend der besten Milchkühe zu erschlagen und einzugraben. Sie beschließen, die Weinstöcke auszureißen; denn wenn man sie nicht ausrisse, würde der Wein zu billig werden, das heißt, er könnte keine so große Anzahl Papierfetzen einbringen. Wenn sie die Wahl zwischen den Papierfetzen und dem Wein haben, wählen sie die Papierfetzen. Sie verbrennen den Kaffee, sie verbrennen den Flachs, sie verbrennen den Hanf, sie verbrennen die Baumwolle.

Zu den riesigen Scheiterhaufen aus Baumwolle kommen die Arbeitslosen von Illinois: laßt uns unsere Matratzen füllen, bitten sie, wir liegen auf dem nackten Erdboden, wir haben fast nichts zu essen; dann könnten wir wenigstens schlafen. Doch es wird ihnen geantwortet: nein, es gibt zu viel Baumwolle. – Nicht zu viel; denn uns fehlt sie ja! Uns würde sie

Freude machen. Freude ist vielleicht zu viel gesagt, doch sie würde unser Elend lindern; sie würde uns gestatten, wenigstens weich zu schlafen, wenn wir nicht genug gegessen haben. – Es wird ihnen geantwortet: Nein, nein, ihr versteht nichts davon. Um euch handelt es sich nicht! Es gibt zu viel Baumwolle; wenn sie erhalten bleibt, sinkt der Baumwollpreis, und wir, die Erzeuger der Baumwolle, hätten weniger von den kleinen Papierfetzen. Das ist der Kernpunkt der ganzen Frage; und wir werden erst beruhigt sein, wenn diese Baumwolle zu Rauch geworden ist. Also fort mit euch! –

Wenn die Ernte zu reich ist, beklagen sie sich: wir haben zu viel Pfirsiche, wir haben zu viel Birnen, wir haben zu viel Wein, wir haben zu viel Korn, zu viel Kartoffeln, zu viel Rüben, zu viel Linsen, zu viel Artischocken, zu viel Spinat, zu viel Bohnen! Wenn die Erde in ihrem alten Ruhm fortbesteht und den Samen der Tiere besonders fruchtbar macht, heißt es: wir haben zu viel Kühe, zu viel Ochsen, zu viel Schweine, zu viel Schafe, zu viel Pferde, zu viel Ziegen. Der Zug herrlicher Tiere wandert durch blühende Obstgärten, auf den Wiesen streicheln die hohen Gräser sanft den Leib der Rinder. Der Mensch zittert. Das ungeheure, gemeinsame Grauen erschüttert die Gesellschaft: unsere Papierfetzen, unsere Papierfetzen! Regierungen, Minister, Abgeordnete, Könige, Kaiser, Gesetze, Gesetze, Menschengesetze, zu Hilfe! Wir haben zu viel von allem, schnell, schnell, laßt uns das Getreide in Brand stecken, die Obstgärten mit Axthieben zerstören, die Kühe, die Schweine, die Schafe umbringen, in der Nacht, mit Messerstichen in den Leib, mit Gartenmessern in den Kopf. Laßt uns mit der Sense die feinen Beine der Herden mähen, und wenn es nicht schnell genug geht: Kanonen her, Kanonen, Kanonen!

Auf daß der Mangel zurückkehre! Daß die Erde zur Wüste werde, damit ich dieses einsame kleine Schaf recht teuer verkaufen kann, diesen kleinen Pfirsich – kaum zwei Bissen! Ihr habt Hunger? Desto besser, ihr werdet also einige Papierfetzen mehr zahlen! Wenn ich doch den Lauf der Flüsse aufhalten könnte; wenn ich es doch vermöchte, daß auch das Wasser teuer würde! Ich würde euch Wasser verkaufen. Wieviel verlorenes Geld ist in so einem Fluß, aus dem jeder frei und ungehindert schöpfen kann.

Zwei Drittel aller Kinder auf Erden sind unterernährt. Bei dreißig Prozent der Frauen, die in den Mütterheimen entbinden, versiegt nach einer Woche die Muttermilch! Sechzig Prozent aller Kinder haben schon im Leib der Mutter Not gelitten. Vierzig Prozent der Menschen haben niemals eine Frucht direkt vom Baum gegessen. Auf hundert Menschen sterben in jedem Jahr zweiunddreißig Hungers, und vierzig von hundert können sich niemals satt essen.

Auf der ganzen weiten Erde können die Tiere, die in der Freiheit leben, sich sättigen. In der menschlichen Gesellschaft, die sich auf dem Geld aufbaut, können sich nur achtundzwanzig Prozent wirklich satt essen. Siebzig Prozent der arbeitenden Menschen haben nie eine Erholung gehabt, haben niemals die Muße gehabt, einen Baum oder eine Blume zu betrachten; sie kennen den Frühling auf den Hügeln nicht. Sie stellen Fabrikware her. Vierzig Prozent der Gegenstände, die sie so in ununterbrochener Arbeit herstellen, sind ohne jede Bedeutung für das menschliche Leben. Dreiundfünfzig Prozent der Gegenstände, die im Leben nützlich sein könnten, bleiben in den Lagerräumen, werden nicht gekauft, werden wieder vernichtet, werden wieder zu Rohmaterial, das man dem Arbeiter wieder gibt, der neue Gegenstände daraus fertigt, die wieder zerstört werden. Der Arbeiter ist der einzige, der ständig auf dem Planeten des Elends und des körperlichen Unglücks leben muß. Von hundert Arbeitern, die in die Krankenhäuser eingeliefert werden, können die untersuchenden Ärzte bei siebenundvierzig kaum mehr den menschlichen Körper erkennen. Die Lungen sind zu etwas geworden, das bis heute keinen Namen hatte, zu einer anatomischen Ungeheuerlichkeit. Es gibt aber so viele dieser Ungeheuer, daß man genötigt war, einen Namen zu erfinden: die Fabriklunge. Bei diesen siebenundvierzig – wie soll ich sie nun nennen? – sagen wir immerhin Menschen – bei diesen siebenundvierzig Menschen ist nichts mehr am richtigen Platz, weder das Herz noch das Blut, noch das Gesicht, noch der Geruch, noch der Geschmack.

Das sind die neuen Bewohner des neuen Planeten des Elends und des körperlichen Unglücks. Wie wundervoll sind Tiere in der Freiheit! Ein Fuchs springt zwei Meter hoch, so oft er will. Das Herz eines Vogels ist ein Wunderwerk. Die Lunge der Wildente ist ein Freudenquell für das Tier. Die Gesellschaft, die sich auf dem Geld aufbaut, vernichtet die Ernte, vernichtet die Tiere, vernichtet die Menschen, sie vernichtet die Freude, die Welt und den Frieden, sie vernichtet den wahren Reichtum.

Ihr habt ein Recht auf die Ernte, ein Recht auf die Freude, ein Recht auf die wirkliche Welt, ein Recht auf den wahren Reichtum, hier auf Erden; sofort, jetzt, in diesem Leben. Ihr dürft dem Wahnsinn des Geldes nicht mehr gehorchen.

Kurt Tucholsky

Augen in der Großstadt

Wenn du zur Arbeit gehst
am frühen Morgen,
wenn du am Bahnhof stehst
mit deinen Sorgen:
   da zeigt die Stadt
   dir asphaltglatt
      im Menschentrichter
      Millionen Gesichter:
Zwei fremde Augen, ein kurzer Blick,
die Braue, Pupillen, die Lider –
Was war das? vielleicht dein Lebensglück ...
vorbei, verweht, nie wieder.

Du gehst dein Leben lang
auf tausend Straßen;
du siehst auf deinem Gang,
die dich vergaßen.
      Ein Auge winkt,
      die Seele klingt;
      du hasts gefunden,
      nur für Sekunden ...

Zwei fremde Augen, ein kurzer Blick,
die Braue, Pupillen, die Lider;
Was war das? kein Mensch dreht die Zeit zurück ...
Vorbei, verweht, nie wieder.

Du mußt auf deinem Gang
durch Städte wandern;
siehst einen Pulsschlag lang
den fremden Andern.
    Es kann ein Feind sein,
    es kann ein Freund sein,
    es kann im Kampfe dein
    Genosse sein.
  Es sieht hinüber
  und zieht vorüber ...
Zwei fremde Augen, ein kurzer Blick,
die Braue, Pupillen, die Lider.
Was war das?
  Von der großen Menschheit ein Stück!
Vorbei, verweht, nie wieder.

7

AUSWEGE

*Man muß sich daran erinnern,
daß die Zukunft weder völlig in unserer Macht steht
noch ganz unserem Einfluß entzogen ist,
damit wir uns weder an dem Gedanken festbeißen,
daß es so kommen wird,
noch die Hoffnung aufgeben,
daß es nicht ganz so kommen wird.*

Epikur

Friedrich Nietzsche

Zwei Glückliche

Wahrlich dieser Mensch, trotz seiner Jugend, versteht sich auf die *Improvisation des Lebens* und setzt auch den feinsten Beobachter in Erstaunen: Es scheint nämlich, daß er keinen Fehlgriff tut, ob er schon fortwährend das gewagteste Spiel spielt. Man wird an jene improvisierenden Meister der Tonkunst erinnert, denen auch der Zuhörer eine göttliche Unfehlbarkeit der Hand zuschreiben möchte, trotzdem daß sie sich hier und da vergreifen, wie jeder Sterbliche sich vergreift. Aber sie sind geübt und erfinderisch und im Augenblick immer bereit, den zufälligsten Ton, wohin ein Wurf des Fingers, eine Laune sie treibt, sofort in das thematische Gefüge einzuordnen und dem Zufall einen schönen Sinn und eine Seele einzuhauchen. – Hier ist ein ganz anderer Mensch: Dem mißrät im Grund alles, was er will und plant. Das, woran er gelegentlich sein Herz gehängt hat, brachte ihn, schon einigemal an den Abgrund und in die nächste Nähe des Unterganges; und wenn er dem noch entwischte, so doch gewiß nicht nur »mit einem blauen Auge«. Glaubt ihr, daß er darüber unglücklich ist? Er hat längst bei sich beschlossen, eigne Wünsche und Pläne nicht so wichtig zu nehmen. »Gelingt mir dies nicht«, so redet er sich zu, »dann gelingt mir vielleicht jenes; und im ganzen weiß ich nicht, ob ich nicht meinem Mißlingen mehr zu Danke verpflichtet bin als irgendwelchem Gelingen. Bin ich dazu gemacht, eigensinnig zu sein und die Hörner des Stieres zu tragen? Das, was mir Wert und Ergebnis des Lebens ausmacht, liegt woanders; mein Stolz, und ebenso mein Elend, liegt woanders. Ich weiß mehr vom Leben, weil ich so oft daran war, es zu verlieren: und ebendarum habe ich mehr vom Leben als ihr alle!«

Hans Magnus Enzensberger

Gegebenenfalls

Wähle unter den Fehlern,
die dir gegeben sind,
aber wähle richtig.
Vielleicht ist es falsch,
das Richtige
im falschen Moment
zu tun, oder richtig,
das Falsche
im richtigen Augenblick?
Ein Schritt daneben,
nicht wieder gut zu machen.
Der richtige Fehler,
einmal versäumt,
kehrt nicht so leicht wieder.

Geert Keil

Was ist Willensfreiheit?

Während die Freiheit in aller Munde ist, ist »Willensfreiheit« ein philosophischer Fachausdruck geblieben, für den es im Alltag keine rechte Verwendung gibt. Wo ohne weiteren Zusatz von Freiheit die Rede ist, sind fast immer politische Freiheiten gemeint. Das gilt für den Schlachtruf der Französischen Revolution, »Freiheit, Gleichheit, Brüderlichkeit«, für Rousseaus »Der Mensch ist frei geboren, und überall liegt er in Ketten« und für politische Slogans wie »Keine Freiheit den Feinden der Freiheit« oder »Die Freiheit stirbt zentimeterweise«.

In vielen Kontexten heißt »frei« so viel wie »ungehindert«. Der Begriff des Ungehindertseins ist so allgemein, dass er auch die politische Freiheit, das freie Spiel der Marktkräfte und den freien Fall eines Steines umfasst. Danach trennen sich die Wege der verschiedenen Freiheitsarten. Um die verschiedenen Arten und vielleicht auch Begriffe der Freiheit zu sortieren, empfiehlt es sich zu fragen, *wer oder was* jeweils frei genannt wird, *wovon* jemand frei ist und *wozu*.

Wer oder was ist frei? Im Falle der Willensfreiheit wird der Wille eines Menschen »frei« genannt. Alternativ und vielleicht angemessener lässt sich der Mensch selbst als Wollender oder in seinem Wollen »frei« nennen. Wovon ist der Mensch frei und wozu? Diese Doppelfrage verweist auf die Unterscheidung zwischen negativer und positiver Freiheit.

Als negative Freiheit wird die Freiheit *von* etwas bezeichnet. Straffreiheit, Steuerfreiheit, Sorgenfreiheit oder Schmerzfreiheit sind negative Freiheiten. Positive Freiheit ist die Freiheit zu etwas. Politische Freiheiten wie Reisefreiheit, Niederlassungsfreiheit, Versammlungsfreiheit und Redefreiheit sind Beispiele dafür. Auf den zweiten Blick ist der Unterschied weniger klar, als die Redeweise mit »von« und »zu« nahelegt. Ist die Pressefreiheit die Freiheit, zu drucken, was man will, oder die Freiheit von Zensur? Offenbar drückt der Unterschied der Präpositionen eher eine Perspektivendifferenz aus als zwei wohlunterschiedene Arten von Freiheit. An einer Handlung lassen sich sowohl ihr Ziel und die ausgeübte Fähigkeit als auch die abwesende Hinderung hervorheben.

In der Philosophie wird die Willensfreiheit häufig von der Handlungsfreiheit unterschieden. Letztere wird als die Freiheit bestimmt, das zu tun oder zu lassen, was man will. Handlungsfreiheit besitzt man, wenn man nicht durch äußeren Zwang daran gehindert wird, seinen Willen in die Tat umzusetzen. Die politischen oder bürgerlichen Freiheiten wie Pressefreiheit und Reisefreiheit sind Unterarten der Handlungsfreiheit. Willensfreiheit ist etwas anderes. Während unsere Handlungsfreiheit durch die jeweiligen tatsächlichen Optionen begrenzt ist, scheint dies für die Willensfreiheit nicht zu gelten. Wer eingesperrt ist, kann viele Dinge nicht tun, die er gern tun würde, aber er verliert dadurch nicht das Vermögen, sich seinen Willen zu bilden. Ebenso wenig verliert er dieses Vermögen, wenn er sich über das Ausmaß seiner Handlungsoptionen täuscht. Jemand könnte, so ein Beispiel von John

Locke, in seinem Zimmer sitzen und sich dazu entschließen, den Raum durch die Tür zu verlassen. Dass die Tür ohne sein Wissen verschlossen wurde, beeinträchtigt seine Bewegungsfreiheit, nicht aber seine Willensfreiheit.

Aber was genau ist Willensfreiheit? Der Sinn der Frage, ob der Wille frei sei, versteht sich nicht von selbst. Wenn Handlungsfreiheit die Freiheit ist, zu tun, was man will, könnte Willensfreiheit analog die Freiheit sein, zu wollen, was man will. Willensfreiheit zu besitzen müsste dann die Fähigkeit einschließen, etwas anderes zu wollen, als man tatsächlich will. Es ist jedoch, wie Ernst Tugendhat eingewandt hat, »nicht ohne weiteres klar, was mit dieser Frage, ob man auch anders hätte wollen können, eigentlich gemeint ist«. Ist gemeint, dass man sich aussuchen kann, was man will, dass man also aktuell auch etwas anderes wollen könnte, als man tatsächlich gerade will? Ein solcher Begriff der Willensfreiheit ist von vielen Philosophen kritisiert worden. Nach Arthur Schopenhauer kann der Mensch tun, was er will, nicht aber wollen, was er will. Gottfried Wilhelm Leibniz führt an, der Wille könne sich nur auf das Handeln richten, nicht auf das Wollen, denn »sonst könnte man auch sagen, wir wollen den Willen haben, zu wollen, und das würde ins Endlose fortgehen«. Thomas Hobbes, John Locke und Bertrand Russell haben ähnlich argumentiert.

Weniger merkwürdig als die Frage, ob man wollen kann, was man will, klingt die Frage, ob wir frei *wählen* oder frei *entscheiden* können. »Willensfreiheit« wird in der Philosophie oft gleichbedeutend mit »Entscheidungsfreiheit« oder »Wahlfreiheit« (*freedom of choice*) gebraucht. Offenbar geht es bei der Freiheit des Willens nicht um das Zustandekommen einer ersten Neigung oder Regung, sondern um eine spätere Phase.

Entscheidungen stehen am Ende eines Willensbildungsprozesses, nicht am Anfang. Sinnvoll verstanden erfordert Willensfreiheit *nicht* die Fähigkeit, seine gegenwärtigen tatsächlichen Wünsche, Neigungen oder Vorlieben anders sein zu lassen, als sie nun einmal sind. Das kann schon deshalb niemand, weil niemand Aktuelles anders sein lassen kann, als es ist. Unsere Fähigkeiten richten sich immer auf die Zukunft, nicht auf Vergangenes und genau genommen auch nicht auf Gegenwärtiges. (Bei näherer Betrachtung zerfällt ja jede vermeintlich gegenwärtige Zeitspanne in bereits vergangene und zukünftige Teile.)

Viele unserer Neigungen und Wünsche haben wir uns nicht selbst ausgesucht. Es wäre töricht, dies zu leugnen. Bei der Willensfreiheit muss es um die Frage gehen, was mit Wünschen und Neigungen, die wir in uns vorfinden, weiter geschieht. Wie wird aus ihnen eine Entscheidung und schließlich eine Handlung? Setzen sich Wünsche und Neigungen gleichsam automatisch in Handlungen um oder haben wir das Vermögen, innezuhalten, sie zu prüfen und unser Wollen gegebenenfalls in eine andere Richtung zu lenken? Bilden *wir* aus dunklen Ursprüngen eine handlungswirksame Absicht oder stoßen uns Absichten und Entscheidungen einfach zu, so wie die ersten Neigungen und Wünsche uns zustoßen?

René Descartes und John Locke haben in der Fähigkeit, innezuhalten und die eigenen Wünsche noch einmal zu prüfen, den wesentlichen Zug der menschlichen Willensfreiheit gesehen. Dabei ist nicht die Fähigkeit gemeint, das aktuell *nicht* Gewollte handlungswirksam zu machen, also wider seinen Willen zu handeln. Gemeint ist vielmehr die Fähigkeit, eine gegebene Motivlage *nicht* unmittelbar handlungswirksam werden zu lassen. Wenn der Mensch einen freien Willen besitzt, setzt er vorhandene Wünsche oder Antriebe nicht natur- oder vernunftnotwendig in die Tat um, sondern bleibt weiteren vernünftigen Gründen zugänglich. Er hat die Fähigkeit, weiterzuüberlegen und sich gegebenenfalls anders zu entscheiden, als es seinem ersten Impuls entsprochen hätte. Es spricht einiges dafür, die Frage nach der Natur dieses Vermögens des Innehaltens und der Neubesinnung ins Zentrum der Willensfreiheitsdebatte zu stellen, auch wenn man dies dem Wort »Willensfreiheit« nicht ansieht.

William Shakespeare

Unser Körper ist ein Garten

🌱

In uns selber liegt's, ob wir so sind, oder anders. Unser Körper ist ein Garten, und unser Wille der Gärtner, so daß, ob wir Nesseln drin pflanzen wollen oder Salat bauen, Ysop aufziehn oder Thymian ausjäten, ihn dürftig mit einerlei Kraut besetzen oder mit mancherlei Gewächs aussaugen, ihn müßig verwildern lassen oder fleißig in Zucht halten, – ei, das Vermögen dazu und die bessernde Macht liegt durchaus in unserm freien Willen.

Aristoteles

Womit die Sache sich machen läßt

Für jede Klasse von Menschen nun ist Gegenstand der Überlegung das, was man selbst zu bewerkstelligen vermag. Kenntnisse, die völlig klar und gesichert sind, überlegt man sich nicht erst, z. B. nicht die Schriftzeichen; denn darüber, wie man zu schreiben hat, gibt es keine zwei verschiedenen Meinungen. Nur was sich durch uns vollziehen läßt, aber nicht immer in derselben Weise, das überlegen wir uns, z. B. Fragen der Heilkunde und des Gelderwerbes oder Fragen der Steuermannskunst, und zwar diese letzteren noch eher als die der leiblichen Übungen, sofern auf jenem Gebiete das Verfahren in geringerem Grade festgelegt ist. Ähnlich verhält es sich durchgängig.

Technische Verfahrungsweisen sind Gegenstand der Überlegung in höherem Grade als wissenschaftliche; denn über jene gehen die Meinungen weiter auseinander. Man überlegt sich Dinge, die nur in der Regel vorkommen und deren Verlauf unsicher ist, Dinge, bei denen es unbestimmt ist, wie man sich zu benehmen hat. Wo es sich um wichtige Dinge handelt, da nimmt man überdies noch fremden Rat in Anspruch, weil man sich selber nicht recht zutraut, daß man zu einem richtigen Urteil genügend befähigt sei.

Gegenstand der Überlegung sind aber nicht die Ziele, sondern die Wege zum Ziel. Ein Arzt überlegt sich nicht, ob er heilen, und ein Redner nicht, ob er überreden soll, ein Staatsmann nicht, ob er vernünftige Einrichtungen im Staate treffen soll; und so gilt es allgemein: niemand überlegt sich den Zweck, den er anstrebt, sondern während der Zweck festgestellt ist, ist die Frage die nach der Art und Weise und nach den Mitteln ihn zu erreichen. Wenn es dabei offenbar verschiedene Wege gibt, so fragt man: welcher Weg ist der gangbarste und fährt am sichersten zum Ziele. Läßt sich das Ziel aber nur auf einem Wege erreichen, so fragt man, wie es auf diesem zu bewerkstelligen ist und durch welche Mittel man zu ihm gelangt. So geht es weiter, bis man bei der obersten Ursache haltmacht. Das was dann in der Lösung des Problems das letzte ist, ist in der Tätigkeit der Verwirklichung das erste.

Stößt man dabei auf etwas Unausführbares, so steht man von dem Plane ab, z. B. wenn man zur Ausführung Geld bedarf und nicht imstande ist es sich zu verschaffen. Scheint es dagegen möglich, so geht man an die Ausführung. Möglich aber ist, was sich durch uns zustande bringen läßt, und dabei gilt das was wir durch unsere Freunde leisten, gerade so als ob wir's selber leisteten, sofern wir den Anstoß dazu gegeben haben. Zuweilen sucht man nach den Werkzeugen, zuweilen nach ihrer Anwendung. Ebenso fragt man sich auch sonst, das eine Mal, durch wen, das andere Mal, in welcher Weise oder womit die Sache sich machen läßt.

Rüdiger Safranski

Platz schaffen

Ich stelle mir vor: Man kommt irgendwoher und will irgendwohin und man kann sich nicht verhehlen, daß die Verhältnisse, in denen man sich vorfindet, unübersichtlich, also waldartig sind. Man hat sich verirrt, ein Gefühl, das heutzutage der Normalzustand ist. Man beginnt nach einer Lichtung zu suchen.

Da gibt es nun die Möglichkeit, nach Ursprüngen zu suchen, nach dem wahren Selbst, nach einem Punkt, wo der falsche Weg begann. Die Gefahr: Man verirrt sich nach rückwärts oder nach innen.

Dann gibt es die Möglichkeit: Geradeaus marschieren, um dort anzukommen, wo man glaubt hinzugehören: Wachstum, Fortschritt. Die Gefahr: Man verirrt sich nach vorwärts oder nach außen.

Die dritte Möglichkeit: Sich am Ort der gegenwärtigen Verirrung niederzulassen und, unbekümmert um Ursprung und Ziel, eine Lichtung zu schlagen. Lichtung: das lebbare Provisorium, das Wohnen in der Verirrung, der Triumph des Anfangenkönnens an Ort und Stelle, hier und jetzt, eine freie Stelle mit Blick zum überwölbenden Himmel, umringt vom Wald der Zivilisation, der aber auf Abstand gehalten ist.

Die Gelassenheit des Abstandhaltens setzt die Einsicht voraus, daß die Geschichte insgesamt auf kein Ziel zusteuert, das in einer ominösen Zukunft erreicht wird. Geschichte ist keine Fahrt, bei der man unterwegs, wie bei der Eisenbahn, den Anschluß verpassen könnte. Die Geschichte ist immer schon angekommen, in jedem Augenblick ist sie am Ziel. Und was die langfristigen Pläne und Vorhaben betrifft, wird man immer darauf gefaßt sein müssen, daß es anders kommt, als man denkt. Im Gestrüpp der Geschichten gibt es keine unabgelenkte Realisierung eines Planes. Geschichte ist das von keinem so beabsichtigte Resultat zahlloser Einzelabsichten, die sich kreuzen, verschlingen, ablenken. Deshalb gibt es auch nur ein Handeln im Handgemenge mit beschränkten Aussichten, ein Gemisch aus Zufällen, Kompromissen, Irrsinn, Klugheit und Gewohnheit. Der Mensch, statt Geschichte zu machen, ist in Geschichten verstrickt, reagiert darauf, wodurch wieder neue Geschichten entstehen. Geschichte ist das Gewimmel aus Geschichten und deshalb notorisch unübersichtlich.

Hier eine Lichtung schlagen bedeutet, im Gewimmel der Geschichten die eigene Geschichte entdecken, energisch festhalten und ihren Faden fortspinnen im Bewußtsein, daß sich die eigene Geschichte doch im Gewirr der vielen Geschichten verstricken und am Ende verlieren wird. Es heißt Abschied nehmen von der Illusion, daß es eine Lichtung als Kommandohöhe gibt, von der aus Geschichte insgesamt gesteuert werden könnte.

Eine Lichtung schlagen bedeutet weiterhin, Verhaltens- und Denkweisen pflegen, die zur globalistischen Hysterie nicht recht passen wollen: die Verlangsamung, den Eigensinn, den Ortssinn, das Abschalten, das Unerreichbar-Sein. Aber vergessen wir nicht: Im kommunikativen Netz gibt es keine Nicht-Kommunikation, denn auch sie ist ein kommunikativer Akt. Das weiß jeder Handy-Besitzer. Er ist potentiell immer erreichbar und trägt deshalb die Begründungslast, wenn er es nicht ist. Er mag sein Gerät ausstellen, er selbst ist, ob er es will oder nicht, auf »stand by«-Funktion geschaltet. Die ständige Erreichbarkeit, das Ideal der Kommunikationsgesellschaft, gilt als Fortschritt, wobei man offenbar vergessen hat, daß früher nur das »Personal« ständig erreichbar sein mußte. Heute drängt man offenbar danach, sich vom Kommunikationsnetz als Dienstbote anstellen zu lassen. Es wird suggeriert, daß es auf allseitige Öffnung und ständige Kommunikationsbereitschaft ankommt. Dabei wird vergessen: Nicht nur der Körper, auch unser Geist braucht einen Immunschutz; man darf nicht alles in sich hineinlassen, sondern nur soviel, wie man sich anverwandeln kann. Die Logik der kommunikativ vernetzten Welt aber ist gegen den kulturellen Immunschutz gerichtet. In der Informationsflut ist man verloren ohne ein wirkungsvolles Filtersystem. Man kann es sich nur verschaffen, wenn man weiß, was man will und was man braucht. Wer sich dem Kommunikationszwang nicht beugt, müßte sich von dem Ehrgeiz befreien, immer auf der Höhe der Zeit und an der Spitze der Bewegung zu sein. Nicht ans Netz gehen zu müssen, ist fast schon ein Privileg, ebenso wie in die Nähe sehen zu können, statt Fernsehen. *Wir müssen wieder*, sagte Nietzsche, *gute Nachbarn der nächsten Dinge werden.*

Aber sind diese Manöver der Entlastung, der Selbstbesinnung auf die nahen Dinge nicht bereits Mode geworden? Ist der Menschentypus, der es sich schwer macht, der sich belasten läßt mit Wissen und Verantwortung, nicht in Rückbildung begriffen? Verwandelt sich unsere Zivilisation, in welcher der Anteil der »Singles« wächst, nicht in eine Gesellschaft von Endverbrauchern, die, aus der Generationenkette gelöst, nur noch für sich selbst sorgen? Wer läßt sich noch mit Sinn für Verantwortung in die Gesellschaft verstricken statt nur ihre Angebote zu konsumieren? Hat nicht das Paradigma der Vereinfachung und Erleichterung Konjunktur? Es gibt modische Trends, die fordern: Entrümpeln Sie Ihr Leben! Es wird empfohlen, geistigen und materiellen Ballast abzuwerfen. Eine Empfehlung, die auf der Voraussetzung fußt, daß dem Gerümpel, das sich in der Wohnung ansammelt und die Beweglichkeit behindert, eine geistige Überfüllung entspricht, ein Ballast von Bedenklichkeiten und Wissen, der einen daran hindert, das Leben frohgemut in die eigene Hand zu nehmen. Tatsächlich verbirgt sich in den Entrümpelungs-Ratschlägen ein Angriff auf die alteuropäische Tradition der Ernsthaftigkeit, des Schwernehmens, der Belastbarkeit durch Komplexität. Mit diesen Konzepten, die von Ferne an Nietzsches Befreiungsschlag gegen den Historismus erinnern, wird gewiß auch eine Lichtung ins Dickicht der modernen Zumutungen geschlagen.

Auf den ersten Blick hat es den Anschein, als würde hier die Entfaltung des Individuums in den Mittelpunkt gestellt. Doch es handelt sich dabei um ein Individuum nach dem Modell des selbstbewußten Konsumenten, der geschmackssicher aus einem reichen Angebot auszuwählen versteht und darauf achtet, die Anhänglichkeit an Menschen und Dinge in Grenzen zu halten. Eine Lebensführung nach dem Einweg- und Wegwerfprinzip. Platz schaffen durch schnellen Verbrauch, schnellen Durchlauf. Diese Konzepte sind marktgängig und favorisieren ein entkerntes Individuum, und deshalb sind sie Teil des Problems, als dessen Lösung sie ausgegeben werden, denn die Bedeutung des Individuums erschöpft sich nicht in der Funktion des souveränen Endverbrauchers. Was bedeutet es, ein Individuum zu werden?

Wilhelm von Humboldt schrieb kurz vor seinem Tod in einem Brief: *Wer, wenn er stirbt, sich sagen kann: ›Ich habe soviel Welt, als ich konnte, erfaßt und in meine Menschheit verwandelt‹ – der hat sein Ziel erreicht.* Die Welt in die ›Menschheit‹, die man selbst ist, zu verwandeln – darauf kommt es an. Die Kraft zu solcher Anverwandlung sollte der Neugier auf Welt das Maß setzen. Aber das ist, wie wir wissen, leichter gesagt als getan, wenn im Gegensatz dazu die allseitige Öffnung und ständige Kommunikationsbereitschaft zur Norm erhoben wird. Voraussetzung für die Entwicklung des Individuums im Humboldtschen Sinne ist, daß man eine Idee von der Gestaltung des eigenen Lebenskreises hat, mit deren Hilfe die Fülle der Reize und Informationen vorsortiert, ausgeschieden und verarbeitet werden kann. Diese Kraft zur Gestaltung des eigenen Lebens nannte man früher ›Bildung‹. Bildung ist von Ausbildung zu unterscheiden. Bildung ist als Entfaltung des Individuums ein Selbstzweck, Ausbildung demgegenüber ist ein Mittel zur Qualifikation für den Arbeitsprozeß. Selbstverständlich brauchen wir beides, Bildung und Ausbildung. Während die Ausbildung uns in ein externes Netz verknüpft, ist die Bildung die Entfaltung jenes Netzwerkes, das jeder für sich selbst ist. […]

Globalität bringt uns mit immer mehr Wirklichkeit in Berührung, und es ist schwer, hier die Souveränität zu bewahren. Souverän wäre, wer selbst darüber entscheidet, worin er sich verwickeln und was er auf sich beruhen läßt. Diese Souveränität setzt existentielle Urteilskraft voraus. Man muß nämlich ein Gespür für das haben, was einen wirklich angeht; muß

Abstufungen der Dringlichkeit unterscheiden und die Reichweite des eigenen Handelns erkennen können. Die Globalisierungshysterie besteht darin, daß diese Unterscheidungsfähigkeit zwischen dem existentiell Nahen und Fernen beeinträchtigt oder gar schon zerstört ist. Das meinte Goethe mit seinem Hinweis, es sei immer ein Unglück, wenn der Mensch veranlaßt werde, nach etwas zu streben, *mit dem er sich durch eine regelmäßige Selbsttätigkeit nicht verbinden* kann. Solange man unter der Suggestion des Satzes: ›Es gibt kein richtiges Leben im falschen ...‹ steht, ist es sehr schwer, den Mut zu finden, auf eigene Faust das für einen selbst Richtige, jene *Selbsttätigkeit*, zu ergreifen.

Wer sich seine Lichtung schaffen will im Dschungel des Sozialen und im Überwuchs globaler Kommunikation, wird nicht ohne lebenskluge Begrenzung auskommen können. Wer sein Leben als ein eigenes gestalten will, muß den Punkt kennen, wo er aufhört, sich formatieren und in-formieren zu lassen. Die Schwierigkeit bei der Bewahrung des Eigensinns vergleicht Karl Jaspers mit dem *Leben auf dem Grat*, von dem man abstürzen kann *entweder in den bloßen Betrieb oder in ein wirklichkeitsloses Dasein neben dem Betrieb.*

Laotse

Alles Große beginnt als Kleines

Wer das Nichthandeln übt,
sich mit Beschäftigungslosigkeit beschäftigt,
Geschmack findet an dem, was nicht schmeckt:
der sieht das Große im Kleinen und das Viele im Wenigen.
Er vergilt Groll durch Leben.
Plane das Schwierige da, wo es noch leicht ist!
Tue das Große da, wo es noch klein ist!
Alles Schwere auf Erden beginnt stets als Leichtes.
Alles Große auf Erden beginnt stets als Kleines.

Robert Walser

Das Stellengesuch

Hochgeehrte Herren!
Ich bin ein armer, junger, stellenloser Handelsbeflissener, heiße Wenzel, suche eine geeignete Stelle und erlaube mir hiermit, Sie höflich und artig anzufragen, ob vielleicht in Ihren luftigen, hellen, freundlichen Räumen eine solche frei sei. Ich weiß, daß Ihre werte Firma groß, stolz, alt und reich ist, und ich darf mich daher wohl der angenehmen Vermutung hingeben, daß bei Ihnen ein leichtes, nettes, hübsches Plätzchen offen ist, in welches ich, wie in eine Art warmes Versteck, hineinschlüpfen kann. Ich eigne mich, müssen Sie wissen, vortrefflich für die Besetzung eines derartigen bescheidenen Schlupfwinkels, denn meine ganze Natur ist zart, und mein Wesen ist ein stilles, manierliches und träumerisches Kind, das man glücklich macht, dadurch, daß man von ihm denkt, es fordere nicht viel, und dadurch, daß man ihm erlaubt, von einem ganz, ganz geringen Stück Dasein Besitz zu ergreifen, wo es sich auf seine Weise nützlich erweisen und sich dabei wohlfühlen darf. Ein stilles, süßes, kleines Plätzchen im Schatten ist von jeher der holde Inhalt aller meiner Träume gewesen, und wenn sich jetzt die Illusionen, die ich mir von Ihnen mache, dazu versteigen, zu hoffen, daß sich

der junge und alte Traum in entzückende, lebendige Wirklichkeit verwandle, so haben Sie an mir den eifrigsten und treuesten Diener, dem es Gewissenssache sein wird, alle seine geringfügigen Obliegenheiten exakt und pünktlich zu erfüllen. Große und schwierige Aufgaben kann ich nicht lösen und Pflichten weitgehender Natur sind zu schwer für meinen Kopf. Ich bin nicht sonderlich klug, und was die Hauptsache ist, ich mag den Verstand nicht gern so sehr anstrengen, ich bin eher ein Träumer als ein Denker, eher eine Null als eine Kraft, eher dumm als scharfsinnig. Sicherlich gibt es in Ihrem weitverzweigten Institut, das ich mir überreich an Ämtern und Nebenämtern vorstelle, eine Art von Arbeit, die man wie träumend verrichten kann. – Ich bin, um es offen zu sagen, ein Chinese, will sagen, ein Mensch, den alles, was klein und bescheiden ist, schön und lieblich anmutet, und dem alles Große und Vielerforderische fürchterlich und entsetzlich ist. Ich kenne nur das Bedürfnis, mich wohl zu fühlen, damit ich jeden Tag Gott für das liebe, segensreiche Dasein danken kann. Die Leidenschaft, es weit in der Welt zu bringen, ist mir unbekannt. Afrika mit seinen Wüsten ist mir nicht fremder. So, nun wissen Sie, was ich für einer bin. – Ich führe, wie Sie sehen, eine zierliche und geläufige Feder, und ganz ohne Intelligenz brauchen Sie sich mich nicht vorzustellen. Mein Verstand ist klar; doch weigert er sich, vieles und allzuvieles zu fassen, wovor er einen Abscheu hat. Ich bin redlich, und ich bin mir bewußt, daß das in der Welt, in der wir leben, herzlich wenig bedeutet, und somit, hochgeehrte Herren, warte ich, bis ich sehen werde, was Ihnen beliebt zu antworten Ihrem in Hochachtung und vorzüglicher Ergebenheit ertrinkenden   Wenzel.

Maja Göpel

Verzicht?

Verzicht – schon allein das Wort bringt viele Menschen auf die Palme.

Aber was heißt eigentlich genau Verzicht?

Ich kann ja nur auf etwas verzichten, das mir nach Lage der Dinge zusteht. Der Wohlstand, in dem die westliche Welt lebt und an dem sich viele Entwicklungsländer orientieren, hätte nach den Regeln der Nachhaltigkeit aber gar nicht erst entstehen dürfen.

So gesehen heißt Verzichten in reichen Ländern – mit panzerartigen Trucks zum Distinktionskonsum und Aufräumratgebern zum beherzten Wegschmeißen – eigentlich nicht mehr und nicht weniger, als darauf zu verzichten, den Planeten zu ruinieren, und dafür die Lebensgrundlagen in der Zukunft zu erhalten.

Das ist natürlich ein großes Wort.

Geht es nicht ein bisschen kleiner?

Leider nein.

Fragen wir doch ruhig mal andersherum: Was zum Beispiel brauchen wir denn unbedingt, wenn wir gut versorgt sein wollen?

Eigentlich bezeichnet Versorgungssicherheit, was es

braucht, um grundlegende Bedürfnisse des Menschen – Nahrung, Trinkwasser, Behausung, Energie, Gesundheitsversorgung und Bildung – langfristig und sicher zu gewährleisten. Wie wir gesehen haben, ist unser Anspruch, was alles unter diese grundlegenden Bedürfnisse fällt, im vergangenen Jahrhundert immer weiter gestiegen, aber wirklich explodiert ist er seit einigen Jahrzehnten. Im Eifer des technologischen Fortschritts und der naturvergessenen Wirtschaftsindikatoren geriet dabei vollkommen aus dem Blick, dass es auch ein Versorgungsparadoxon gibt: Wenn alle Eltern immer danach streben, dass es ihre Kinder einmal besser haben sollen, und das mit immer *mehr* haben sollen verwechseln, dann haben es alle Kinder irgendwann einmal – weniger gut. Die Versorgungssicherheit auf einem begrenzten Planeten mit einer zunehmenden Anzahl Menschen kann nicht eine immer größere Menge an Konsum bedeuten.

Wenn die Gegner*innen des Verzichts also fragen, was bekommen wir dafür, wenn wir verzichten, was lindert den Schmerz, den wir durch diesen Verlust erleiden, dann lautet die Antwort: Wir investieren in Frieden und die Versorgungssicherheit von übermorgen. Denn stellen Sie sich mal vor, die afrikanischen, lateinamerikanischen und asiatischen Länder würden irgendwann darauf verzichten, ihre Rohstoffe und Landflächen weiter an uns zu exportieren und sie selber nutzen?

Um das Versorgungsparadoxon aufzulösen, wäre der erste Schritt, Bilanzen zu korrigieren – und damit auch Preise. Für viele Produkte müssten diese sich dann so erhöhen, dass sie die wahren Kosten anzeigen, die bei ihrer Herstellung, dem Transport und der Entsorgung ihrer Überreste anfallen. Die

Bepreisung von Kohlendioxid ist ein Versuch, in diese Richtung zu gehen. Sie soll nicht nur Ihre Entscheidung als Konsument beeinflussen, sondern auch genau den Innovationen Kostenvorteile verschaffen, die helfen, CO2-freie Produkte zu entwickeln. Andersherum: Sie würde ökologische Schadschöpfung in der Preisgestaltung sichtbar machen – womit wir einer objektiveren Fassung von Wertschöpfung wieder näher kämen. Und dabei könnte ihr die digitale Technologierevolution auch mal unter die Arme greifen: CO2-Tracker oder digitale Marker für einzelne Rohstoffe und Produktteile könnten prima als Wegweiser dienen, damit der Markt eine bessere Chance hätte, Versorgungssicherheit auch langfristig zu gewährleisten.

Zwischen Mehr und Weniger einen klaren Kopf zu behalten, ist scheinbar nicht einfach. Schließlich sind wir gewohnt, dass uns immer mehr Dinge ständig zur Verfügung stehen. Das beste Symbol dafür ist das Smartphone: Musik, Filme, Wissen, Kontakte, Konsumgüter – alles über ein einziges Gerät, dessen Rechenleistung 120 Millionen Mal höher ist als die des Bordcomputers von Apollo 11, mit dem vor fünfzig Jahren die Mondlandung gelang.

Der Soziologe Hartmut Rosa hat das in einem Vortrag den dauernden Drang zur »Weltreichweitenerweiterung« genannt. Unsere moderne Gesellschaft ist so eingerichtet, dass ihre Gegenwart stets versucht ist, ihre Vergangenheit zu übertrumpfen. Es herrscht ein steter Steigerungszwang, nicht nur im technologischen und wirtschaftlichen Bereich, auch im sozialen und sogar im räumlichen. Jede Mode, jeder Job, jede Freude, jeder Urlaub könnte morgen schon wieder von gestern sein. Und die Aufmerksamkeitsökonomie der ständigen

Werbebotschaften, Nachrichten, Selbstdarstellungen und Informationswellen trägt verlässlich dazu bei, dass dieses Verfallsdatum sich immer schneller nähert.

Hinzu kommt, dass uns ja nicht nur immer mehr Dinge und Möglichkeiten zur Verfügung stehen, sondern es gibt diese Dinge ja auch noch in immer mehr Variationen. Das ist einfach überfordernd, wie zwei amerikanische Psychologen vor einigen Jahren in einem Test bewiesen haben. Dazu stellten sie in einem kalifornischen Delikatessengeschäft zwei Probiertische auf und boten Marmeladen an – einmal sechs verschiedene Sorten und einmal 24. Wenig überraschend zog der Tisch mit der größeren Auswahl mehr Kund*innen an, am Ende aber hatten deutlich weniger von ihnen etwas gekauft als an dem Tisch mit nur sechs Sorten. Dort hatten sie zwar weniger Auswahl, aber es fiel ihnen offensichtlich leichter, eine Entscheidung zu treffen. Die Freude an Entscheidungen vermehrt sich eben nicht automatisch mit einer Vergrößerung der Auswahl. Der Psychologe Barry Schwartz nennt das »Paradox of Choice«, das Auswahl-Paradoxon.

Aber es wird noch komplizierter.

Fragen Sie sich doch mal, ob es Ihre Lebensqualität eigentlich wirklich verschlechtern würde, wenn Sie auf so einige Optionen und Käufe verzichteten? Dankenswerterweise gibt es auch dazu inzwischen zahlreiche weitere Studien, und sie haben alle eine eindeutige Nachricht: Immer mehr hilft nicht immer mehr. Immer mehr befriedigt nicht nur etwas in uns, es befeuert auch eine Sorge.

Denn das Förderband, mit dem wir Umwelt in Wohlstand umwandeln, wird ja nicht nur von unserem Wunsch nach Mehr angetrieben. Es wird auch von unserer Angst vor Weniger in Gang gehalten. Diese Angst, weniger zu haben, weniger als unsere Vorfahr*innen, weniger als unsere Nachbar*innen, weniger als Leute, zu denen wir gehören wollen, macht es so schwierig, zu teilen und zu verzichten. Und je stärker unsere Kultur die Idee von erfolgreichem Leben und Arbeiten mit immer mehr besitzen – und vor allem mehr als andere besitzen – gleichsetzt, umso schneller läuft das Band.

Der amerikanische Psychologe Tim Kasser hat untersucht, wie sich die Folgen einer ökonomisierten Kultur auf die Gesellschaft auswirken. Er hat sich gefragt, wie sich unsere materialistische Orientierung auf unser Wohlbefinden und unser Selbstwertgefühl auswirken, und herausgefunden, dass Materialismus sowohl Ausdruck als auch Ursache von Unsicherheit und Unzufriedenheit ist. Das ist so, weil er primär die extrinsische – also von außen kommende – Motivation und Rückbestätigung von Menschen anspricht. Der Preis der Dinge oder das Ausmaß der Aufmerksamkeit (Ruhm, Likes, Clicks), die ich bekomme, spiegeln dann meinen Eigenwert wider. So wie Mariana Mazzucato das auch schon für Güter und Dienstleistungen festgestellt hat, geht mit dieser Werttheorie aber das Gespür dafür verloren, wer ein wertvolles Mitglied der Gesellschaft ist. Und sollten wir unseren wichtigen Job oder das große Haus verlieren, oder finden unsere Follower uns plötzlich doof, ist unser Selbstwert in Gefahr.

Kein Wunder, dass Kasser herausgefunden hat, dass mit der wachsenden materiellen Orientierung auch die individuelle Anspannung und Unsicherheit sowie die Tendenz zu Depressionen wächst.

Das bestätigt auch der Jurist, Pädagoge und langjährige Präsident der Harvard-Universität Derek Bok in seiner Metastudie zu politischen Empfehlungen aus der Glücksforschung: »Die Erkenntnisse der Psychologen übermitteln die Warnung, dass die Ausrichtung darauf, reich zu werden, ein substantielles Risiko mit sich bringt, unglücklich und enttäuscht zu enden.

Was würde Jeremy Bentham dazu sagen?

Er würde sich die Haare raufen. Denn indem die Ökonom*innen den Utilitarismus auf stets steigenden Konsum reduzierten, haben sie eine Wachstumserzählung für natürlich und unendlich erklärt, die uns gar nicht immer glücklicher macht.

Immer glücklicher?

Das geht nämlich gar nicht.

Denn Menschen sind keine mechanischen, sondern biologische Systeme. Unser Gehirn erbringt ununterbrochen Anpassungsleistungen. Zu viele Glückshormone auf einmal könnte es gar nicht ertragen. Und zu viel Höchstleistung über einen längeren Zeitraum auch nicht. Lebendige Systeme wie Mensch und Natur brauchen einen regenerativen Umgang, damit sie florieren. Deshalb misst die Glücksforschung auch nicht mit stetig steigenden Hockeyschläger-Kurven, sondern mit Skalen von 1 bis 10.

Und trotzdem wurden Anreizsysteme, Organisationsstrukturen, politische Programme, Finanzmärkte und Indikatoren gebaut, die immer nur eines verfolgen: mehr. Und im Ergebnis wird es immer schwieriger, die Rahmenbedingungen dieser sehr speziellen Form von Unglück zu überwinden.

Dies ist der zweite Punkt, den Kasser herausgefunden hat:

Materielle und soziale beziehungsweise umweltorientierte Werte verhalten sich den materialistischen Werten gegenüber wie auf einer Wippe. Wenn die einen zunehmen, nehmen die anderen ab. Wenn die *homo-oeconomicus*-Perspektive Kultur und Struktur dominiert, dreht sich alles um Status, Macht und Geld. Gleichzeitig schwinden Mitgefühl, Großzügigkeit und Umweltbewusstsein, und die Frage nach dem Genug und dem Wohlergehen des Ganzen wird aus Theorie und Weltanschauung getilgt. Und wenn das Wir im Ich immer kleiner wird, entsteht auch ein gesamtgesellschaftliches Problem. Aber die gute Nachricht aus Kassers Forschung ist: Die Werte-Wippe funktioniert auch in die andere Richtung. Sobald die sozialen und ökologischen Werte höher im Kurs stehen, sinkt die Wichtigkeit der materiellen Werte. Und das Förderband kann langsamer werden. Der Verhaltensökonom Armin Falk von der Universität Bonn hat dafür einen kategorischen Imperativ in Zeiten des Klimawandels vorgeschlagen: Konsumiere so, wie du dir *wünschen* würdest, dass alle es tun.

Jetzt scheint es doch auf einmal ganz einfach, oder?

Wer weniger kauft, verlangsamt aber den Absatz von Produkten. Das bringt, erinnern Sie sich, unter der heutigen Struktur des Investierens, Besteuerns und Refinanzierens eine Rezession mit sich. Deshalb sollten wir uns neben unserer Rolle als Konsument*innen auch auf die als Bürger*innen besinnen. Wir brauchen einen Politikwandel, der Nachhaltigkeit nicht als mögliches Nebenprodukt einer ökonomischen Wachstumsagenda behandelt, sondern direkt auf nachhaltiges Konsumieren, Produzieren und Investieren zielt. Sie wollen eine kurze und knackige Formel dafür? Die gibt es, und Sie sind ihr schon begegnet. Sie lautet: Wachstum als Mittel, nicht als absoluter Zweck.

Also raus aus dem Easterlin-Paradox, dem Jevons-Paradox und dem Versorgungsparadox. Und rein in einen neuen Gesellschaftsvertrag für hohe Lebensqualität bei niedrigem ökologischem Fußabdruck. Das ist möglich.

Unser Konsumverhalten im reichen Westen ist nur durch die Externalisierung der Kosten möglich. Es macht uns auch nicht glücklich, Besitz und Status als Marker für unseren Selbstwert zu setzen. Die Rolle und Art von Konsum in unseren Gesellschaften zu ändern ist daher ein wichtiger Schlüssel zur Nachhaltigkeit. Die Versöhnung von sozialen und ökologischen Zielen sollte dabei im Zentrum stehen.

Peter Stamm

Elins Äpfel

🍎

ÄPFEL, KARTOFFELN, KÜRBISE. Ich kam vom Mittagessen mit einem Kunden, als ich das Schild am Straßenrand sah. Dass es mir auffiel, hatte weniger mit dem Schreibfehler zu tun als damit, dass die weiße Kunststofftafel mitten im Industriegebiet stand. Ich hatte keine Eile und parkte den Wagen am Straßenrand.

Es war ein wunderbarer Herbstnachmittag, kalt, aber sonnig. Die Luft war ganz klar, von den Hügeln in der Ferne leuchtete das bunte Laub der Wälder. Unvermittelt musste ich an meine Kindheit denken, an die endlosen Tage, an denen ich bei der Apfelernte hatte helfen müssen, an den Geruch des Fallobsts und des modernden Laubs. In der Stadt hatten die Jahreszeiten kaum Gerüche, vielleicht hatte ich deshalb in den letzten Jahren immer öfter das Gefühl gehabt, die Zeit laufe mir davon.

Erst als ich über die Straße ging, sah ich zwischen zwei großen Lagerhallen die kleine, windschiefe Hütte stehen. Sie war notdürftig aus allen möglichen Brettern, Hartfaserplatten und anderen Materialien zusammengezimmert. Fenster gab es keine, nur ein paar Rahmen aus Dachlatten, die mit milchig-trüber Plastikfolie bespannt waren. Wenige hundert Meter über mir dröhnte ein startender Jet vorbei. Ich schaute ihm nach, bis er aus meinem Blickfeld verschwunden war.

Es war niemand zu sehen, aber aus einem Ofenrohr, das aus dem Wellblechdach ragte, stieg Rauch auf. Ich klopfte, wartete, klopfte noch einmal und öffnete schliesslich die Tür. Der Raum war voller Dampf, am entfernten Ende stand eine junge Frau an einem alten Holzherd. Sie trug einen Kopfhörer und hantierte an einer großen Pfanne. Vermutlich hatte sie die Veränderung des Lichts bemerkt, jedenfalls drehte sie sich zu mir um und schaute mich erschrocken an. Erst als ich zu reden begann, nahm sie den Kopfhörer ab. Für einen kurzen Moment hörte ich klassische Musik, ein großes Orchester, dann hatte sie den MP3-Player aus der Tasche gezogen und ausgeschaltet. »Der Fluglärm«, sagte sie und zeigte mit dem Finger nach oben, von wo eben wieder ein startender Jet zu hören war.

Der Raum war fast leer. Neben dem eisernen Kochherd gab es eine Matratze, die auf alten Paletten lag. Daneben stand auf einer Holzkiste ein Kerzenständer. Der Tisch und die drei Stühle schienen vom Sperrmüll zu stammen. An der Decke brannte eine Petroleumlampe.

Die junge Frau schaute mich erwartungsvoll an, und ich fragte: »Sie verkaufen Äpfel?« »Sie sind meine erste Kundin«, sagte sie und lächelte, »kommen Sie mit.« Sie ging voraus durch eine niedrige Tür neben dem Herd, die mit einem alten Jutesack verhängt war. Als ich ihr folgte, sah ich in der Pfanne ein halbes Dutzend Einmachgläser in brodelndem Wasser stehen. Wieder musste ich an meine Kindheit denken, daran, wie ich meiner Mutter im Herbst beim Einkochen geholfen hatte. Stundenlang hatten wir zusammen Birnen geschält und Schnitze gemacht und Zwetschgen entsteint.

Hinter dem Durchgang war ein zweiter, kleinerer Raum. Auf dem gestampften Erdboden standen Lattenkisten mit Äpfeln und Kartoffeln und Zwiebeln, an den Wänden entlang auf Regalen Hunderte von Einmachgläsern. »Ein seltsamer Ort, um Gemüse anzubauen«, sagte ich. Die junge Frau drehte sich um und sagte mit finsterem Gesicht: »Vor fünfzig Jahren gab es hier nichts als Bauernland.« »Das müssen Sie mir nicht erzählen«, sagte ich, »mein Vater war Bauer.«

Ich las die Etiketten auf den Einmachgläsern. Neben verschiedenen Obstsorten gab es Rotkohl und Rote Bete in Essig, Pilze, Tomatensauce und sogar fertige Suppen. »Sie haben vorgesorgt«, sagte ich, »damit stehen Sie den Winter durch.« Sie stand vor einer der Apfelkisten und schaute auf die Früchte hinunter, als sähe sie sie zum ersten Mal. »Wie viele wollen Sie?«

Sie hatte keine Tüte, und so nahmen wir beide so viele Äpfel in die Hände, wie wir tragen konnten, und brachten sie hinaus zum Auto. Als ich in meiner Tasche nach dem Schlüssel fischte, fiel einer zu Boden und rollte davon. Wir legten die Früchte in den Kofferraum, dann hob die junge Frau den heruntergefallenen Apfel auf, wischte ihn sorgfältig mit dem Ärmel ihres Pullovers ab und reichte ihn mir. Ich fragte, was ich schuldig sei. Sie schaute mich an mit einem hilflosen Blick und sagte: »Ich heiße Elin.« Sie streckte mir die Hand hin. »Daniela«, sagte ich und folgte ihr zurück in die Hütte. Sie setzte sich auf einen der Stühle und sagte mit fragender Stimme: »Zehn Franken?« »Das ist ein bisschen viel für ein Kilo Äpfel«, sagte ich, »fünf?« Sie sprang auf und schrie: »Ich brauche Ihr Geld nicht, lassen Sie mich doch in Ruhe!« Ich legte einen Zehnfrankenschein auf den Tisch und sagte: »Kürbisse schreibt man übrigens mit zwei s.«

Ich hatte viel zu tun in der nächsten Zeit. Als ich vielleicht einen Monat später die Gemüseschublade des Kühlschranks öffnete, lagen dort immer noch Elins Äpfel, verschrumpelt und weich geworden. Ich hatte ein schlechtes Gewissen, sie in den Müll zu werfen.

Am Wochenende fuhr ich noch einmal hinaus ins Industriegebiet. Ich brauchte eine Weile, um den Ort zu finden, das Schild stand nicht mehr an der Straße. Es war ein nebliger, kalter Tag, mein Atem dampfte, und ich war froh, meine Daunenjacke angezogen zu haben. Wieder antwortete niemand auf mein Klopfen. Ich stieß die Tür auf und rief: »Hallo?« Es kam keine Antwort, und ich trat in den schummrigen Raum, in dem es kaum wärmer war als draußen. Am Tisch blieb ich stehen und schaute mich um. Ich erschrak, als ich im Gewühl von Decken und Kissen auf dem Bett Elins Kopf entdeckte. Sie schien tief zu schlafen. Ich weiß nicht, was in mich fuhr, aber ich setzte mich auf den Rand der Matratze und strich ihr mit der Hand über das Haar. Das Mädchen rührte sich nicht. Ihr Gesicht war starr und von einer wächsernen Bleichheit, hätte ich nicht ihren schwachen Atem gespürt, ich hätte geglaubt, sie sei tot.

Ich ging in den Vorratsraum und von dort durch eine zweite Tür nach draussen. Vor mir lag ein Garten, der von einer hohen Hecke aus wilden Rosen umgeben war. Am entfernten Ende standen drei Apfelbäume, deren Laub schon gelb war. Neben dem Komposthaufen blühten Malven und Winterastern. Die meisten Beete waren abgeerntet. Auf einem lag das faulige Kraut einer Zucchinipflanze, daneben ein paar dürre, umgeknickte Maishalme, und um hohe Stangen wanden sich schwarz gewordene Bohnenranken. An einem Holzgitter hing eine Pflanze, deren verdorrte Blätter dünn und weiß wie Papier geworden waren. Auf dem Boden darunter lag eine halbverfaulte Gurke. Vom hintersten Beet leuchteten drei große, orangefarbene Kürbisse. Über allem lag der Geruch von feuchter Erde und Verwesung.

Der Garten strahlte eine große Ruhe aus, und ich stand lange darin und dachte wieder an meine Kindheit, nicht so sehr an einzelne Erlebnisse als an die Zeitlosigkeit, die ich damals empfunden hatte, die Gefangenschaft in der Zeit, die zugleich Geborgenheit bedeutete und nach der ich mich manchmal sehnte in meinem atemlosen Leben. Alle paar Minuten startete über mir ein Flugzeug, aber nicht einmal der Lärm konnte die seltsam friedvolle Stimmung stören.

Elin lag immer noch im Bett und schlief, als ich zurück in die Hütte trat. Ich wollte ihr eine Nachricht hinterlassen, ein Zeichen, dass ich da gewesen war, aber mir fiel nichts ein, was ich ihr hätte geben können. Schließlich holte ich zwei Hände voll Äpfel aus dem Vorratsraum, legte einen Schein auf den Tisch und schrieb auf eine meiner Visitenkarten einen kurzen Gruß.

Ich musste viel an Elin denken in den folgenden Wochen. Besonders als es kälter geworden war und es tagelang regnete, sah ich sie vor mir in ihrer kleinen, ungeheizten Hütte sitzen und langsam ihre Vorräte verzehren und auf den Frühling warten. Ich hörte das Prasseln des Regens auf dem Wellblechdach, das Donnern der startenden Jets und den Lärm der Lastwagen auf der nassen Straße. Und manchmal war es mir, als spürte ich die klamme Kälte der Hütte, und ich musste einen Pullover anziehen, obwohl es in unseren Büros eher zu warm als zu kalt war. Dann fragte mein Chef, ob ich krank sei, ich wirke erschöpft in letzter Zeit. »Du arbeitest zu viel«, sagte er. »Das sagst ausgerechnet du mir«, sagte ich und ging auf den Balkon, um eine Zigarette zu rauchen. Draußen fror ich noch mehr, und ich musste wieder an Elin denken, die mir vorkam wie der einsamste Mensch der Welt. Dabei hatte sie nicht unglücklich gewirkt, sondern sehr ruhig, als sei sie ganz mit sich und ihrer Umgebung im Einklang. Ich fragte mich, wie sie die Leere der langen Tage ausfüllte. Sie schien keine Bücher zu besitzen, keinen Fernseher, kein Telefon, nichts, was sie mit der Außenwelt verbunden hätte. Schon als Kind hatte ich die Sonntagnachmittage kaum ertragen. Noch heute fürchtete ich sie und nahm an den Wochenenden wenn immer möglich Arbeit mit nach Hause oder fuhr sogar ins Büro, um meiner stillen Wohnung zu entkommen.

Unsere Büros lagen in der Nähe des Rotlichtviertels, wo sich alle möglichen dubiosen Gestalten herumtrieben. Unten auf der Straße stritten sich zwei Männer, sie schrien sich an in einer unverständlichen Sprache. Kurz darauf hörte ich das Heulen einer Polizeisirene, das sich näherte, und ich ging wieder hinein und arbeitete weiter. Auf dem Nachhauseweg machte ich den kleinen Umweg und fuhr durch das Industriegebiet und an Elins Hütte vorbei. Ich fuhr nur im Schritttempo, aber ich sah weder Rauch noch Licht, nichts, was darauf hingedeutet hätte, dass sie da wäre.

Von nun an fuhr ich jeden Abend bei Elin vorbei, aber nie war eine Spur von ihr zu sehen. Nach einem anstrengenden und frustrierenden Tag Anfang Februar parkte ich den Wagen auf der gegenüberliegenden Straßenseite und beobachtete die Hütte wohl eine Stunde lang. Am Morgen war etwas Schnee gefallen, der erste in diesem Winter. Auf der Straße war er längst geschmolzen, nur an den Rändern lagen noch die schmutzigen Haufen Matsch, die der Pflug zurückgelassen hatte. Aber auf dem Dach von Elins Hütte lag der Schnee weiß und unberührt, wie er gefallen war. Langsam wurde es dunkel, und plötzlich sah es aus, als leuchte er von innen heraus und verwandle diesen verlorenen Ort.

Ich dachte an mein Leben. Seit Ewigkeiten hatte ich keinen Tag mehr untätig verbracht. Ich hatte so viel gearbeitet in den letzten Jahren, dass es mir im Rückblick erschien, als hätte ich gar nicht gelebt, als hätte ich die ganze Zeit auf etwas gewartet, das nie kommen würde. Ich stieg aus, rannte über die Straße und riss die Tür der Hütte auf, ohne zu klopfen. Niemand war da.

Ich weiß nicht, weshalb ich geblieben bin. Vielleicht habe ich zuerst wirklich auf Elin gewartet. Ich bin in den Garten gegangen, der vom diffusen Licht erleuchtet war, das hier überall ist, ohne dass man weiß, woher es kommt. Die Beete waren leergeräumt und lagen wie Gräber nebeneinander, von den Blumen war nur noch dürres Kraut übrig. Die mehrjährigen Stauden und Sträucher wurden vom schweren Schnee niedergedrückt. Ich schüttelte ihn sachte von den Ästen, damit sie nicht brächen. Immer wieder starteten Flugzeuge über mir. Die leuchtenden Kolosse waren von Wolken aus Dampf umgeben und hatten eine unwirkliche Schönheit. Ich ging in den Vorratsraum und zählte die Einmachgläser und rechnete im Kopf nach, wie lange man davon leben könnte. Dann ging ich in den anderen Raum, zündete die Petroleumlampe an und setzte mich an den Tisch. Ich hatte die Jacke im Auto gelassen, und mir war kalt. Kurz dachte ich daran, im Ofen ein Feuer zu machen, aber ich kannte mich nicht aus mit Öfen und hatte Angst, etwas falsch zu machen und womöglich die Hütte in Brand zu stecken. Ich nahm eine der alten Armeewolldecken vom Bett und wickelte mich darin ein. Irgendwann legte ich mich hin. Als ich hungrig war, öffnete ich ein Einmachglas mit Apfelmus. Dann legte ich mich wieder ins Bett und schlief trotz des Lärms der Flugzeuge bald ein.

Am Morgen wusch ich mich am Wasserhahn, den ich an der Außenwand der Halle nebenan entdeckt hatte. Zuhinterst im Garten fand ich in einem Bretterverschlag ein Plumpsklo. Der Geruch nach Urin und Kot war betäubend, aber der Ort war sauber, und es gab sogar Toilettenpapier. Zum Frühstück aß ich eingemachte Zwetschgen.

Es wurde hell, und ich dachte kurz daran, zu meinem Auto zu gehen, um meine Jacke und das Handy zu holen, aber es war mir unmöglich, es kam mir vor, als würde ich dadurch den Zauber dieses Ortes brechen und den ersten Schritt zurück in mein Leben machen. Also hängte ich mir wieder die Wolldecke um die Schultern und ging in den Garten und beobachtete die Vögel, die Körner aus den verdorrten Sonnenblumen pickten.

Ich frage mich, wie lange es dauern wird, bis sie mich hier finden. Wenn ich nicht ins Büro komme, wird mein Chef versuchen, mich anzurufen. Vielleicht wird er jemanden bei mir zu Hause vorbeischicken. Nach ein paar Tagen werden sie mich als vermisst melden, und es wird nicht lange dauern, bis die Polizei das Auto entdeckt. Sie werden die Umgebung absuchen, es ist nur eine Frage der Zeit, bis sie hier auftauchen. Aber das alles kümmert mich nicht. Ich bin ein freier Mensch, ich laufe nicht mehr davon. Ich warte.

Ich werde versuchen, ein Feuer zu machen im Ofen, um Suppe aufzuwärmen. Vielleicht kann ich die paar Stellen im Dach ausbessern, an denen das Wasser hereintropft. Wenn der Schnee ganz geschmolzen ist, werde ich im Garten arbeiten. Es gibt viel zu tun. In der Holzkiste neben dem Bett gibt es Saatgut und Steckzwiebeln, und die Kartoffeln im Vorratsraum haben lange Triebe gebildet.

Ich glaube nicht, dass Elin zurückkommen wird, aber das spielt keine Rolle. Sie war bestimmt nicht die Erste hier. Sie hat jemanden abgelöst, so wie ich sie und wie jemand mich ablösen wird. Die Hauptsache ist, dass dieser Ort nicht aufgegeben wird, dass jemand hier ist und sich um den Garten kümmert.

Jean Giono

Vom wahren Reichtum

Wir leben in einer Zeit, so übervoll von Unreinheit und Hoffnungslosigkeit, daß man schon manchmal glauben möchte, wir hätten das von den Propheten verheißene Zeitalter des Sternes Wermut erreicht. Ihr, die ihr von der jetzigen Zeit geschieden sind, weil ihr keine sinnlosen Wünsche hegt, weil ihr Herren einer Arbeit seid, die ausreicht, euch in herrlicher Armut zu erhalten; ihr könnt euch das geistige Elend der Besten von uns gar nicht vorstellen, noch das körperliche Elend eines Volkes, das willkürlichen Gesetzen unterworfen ist. Mir schien, ihr hättet den Wunsch zu helfen. Den Frieden, den ihr genießt, können – ihr wißt es – alle Menschen, die guten Willens sind, genießen. Der Mantel eurer Armut verdeckt die Reichtümer des wirklichen Paradieses auf Erden. Die Möglichkeiten eines empfindenden Menschen belohnen ihn selbst und werden für alle Ewigkeit sein Eigentum bleiben, solange das Rad sich dreht. Und deshalb habe ich den Frühling geschildert, den Sommer, den Herbst und den Winter, und immer wieder die Jahreszeiten, und immer wieder; und ich habe nie aufgehört, zu wiederholen: »Nimm, es gehört dir«; denn die Menschen sind wie Kinder geworden, die nicht wagen, am Tisch ihres Vaters zu essen.

Doch schließlich werden sie sich hinsetzen, und sie werden essen.

Trotz meiner Freundschaft für euch und eure behaglich gewärmten Häuser, die im Frost zwischen dem Birkengesträuch dampfen, kann ich heute nicht bei euch einkehren. Ohne mich bemerkbar zu machen, gehe ich die Landstraße weiter. Zwar weiß ich, daß, wenn ihr es erführet, ihr ein wenig böse auf mich wärt; doch ich habe es mir zur Aufgabe gemacht, von euren Freuden zu sprechen, und noch nie war es so notwendig wie jetzt.

Ich glaube, eure Art zu leben ist die einzig vernünftige; ich bin sicher, sie kann alle die Männer, ob jung oder alt, die verbittert sind, nichts erreicht zu haben, mit der Gewißheit, nie etwas erreichen zu können – aus der Hoffnungslosigkeit erretten [diejenigen, die die Weltanschauung dieser Gesellschaft, die sich auf der Herrschaft des Geldes aufbaut, in mechanische Menschen verwandelt hat, unfähig, noch etwas zu fühlen, nur noch fähig zu schaffen – ohne Unterscheidungsvermögen – etwas, das unnütz für alle ist; schließlich, genau genommen, selbst für den Unternehmer].

Ja, ich bin sicher, daß ihr sie retten könnt. Und es ist notwendig, daß ich schnell noch einmal von euch spreche; denn jene, die ihr und ich die »Feingebildeten« nennen, sind dabei, euch als Rohlinge zu schildern. Sie geben vor, ihr wärt von Gefühlen erfüllt, die selbst die Tiere nicht haben; und die kennen wir doch wirklich. Dies kommt ganz einfach daher, weil ihr euch gegenüber den Ereignissen der Welt für diejenigen unverständlich verhaltet, die sich, voller Stolz auf ihr Gehirn, als gottähnlich betrachten. Schnell muß ich noch einmal von euch sprechen und danach schnell noch einmal, immer und immer wieder, so wie ich von den Jahreszeiten und der Welt gesprochen habe, von den Bäumen, den Tieren, den Hirschen und den Fischen. Denn ihr gehört zu dem allem; und das alles zusammen ist es, was uns heilt. Gelehrt aufgebaute Dramen könnte ich vielleicht auch schreiben; doch es ist nicht meine Aufgabe, geschickt zu sein, sondern den Lebenshunger zu wecken. Also, liebe Freunde, ich muß mich beeilen, nach Hause zu kommen; denn seht sie an, sie sterben alle dahin und haben keinen Hunger auf das Leben. Wir müssen uns beeilen, wenn wir nützlich sein wollen während des kurzen Augenblicks, den wir leben. [...]

Die Studenten, die mich so häufig besuchen und die eine so harte Jugend haben, befrage ich nach ihren Zukunftsplänen. Ich bin bestürzt über ihre Bitterkeit und leide mit ihnen an ihrem Leid. Sie sind wie ein Teil von mir, der abstirbt. Sie sagen mir, daß sie lange Jahre opfern oder geopfert haben – und zwar die besten –, um sich für schwierige Examen vorzubereiten und sie zu bestehen. Sie haben Diplome. Sie beklagen sich, daß sie die Stellungen nicht bekommen, zu denen diese Diplome sie berechtigen.

Das Leben, das vor ihnen liegt, ist ganz dunkel, und wenn ich zu ihnen von der Freude spreche, bemerke ich, daß ihre Lippen, die in Jugendfrische schwellen, bereits greisenhaft lächeln; sie sind so wohlgestaltet, wie man es nur wünschen kann; es sind offensichtlich die Besten ihrer Generation. Sie haben solide, gute Nasen, die sich nach unten zu ein wenig weiten, mit der richtigen Öffnung, um die Luft tief einatmen und gründlich auskosten zu können; ihr Kinn ist hart wie das der Maurer, und ihre Augen leuchten, so wie es sein muß. Sie wären der Stolz der Äcker, und sie verzweifeln, weil sie nicht Lehrer, Finanzkontrolleure und Astronomen werden können.

Wenn andere diese Stellen einnehmen, mach dir nichts

daraus, laß sie! Man hat dir wohl gesagt, daß man im Leben Erfolg haben müsse; ich sage dir: man muß leben! Das ist der größte Erfolg auf dieser Welt. Man hat dir gesagt, du wirst mit deinem Wissen Geld verdienen. Ich sage dir: mit deinem Wissen wirst du Freuden gewinnen; das ist viel besser. Alle Welt stürzt sich auf das Geld. In dem Haufen der Kämpfenden ist kein Platz mehr. Von Zeit zu Zeit verläßt einer das Handgemenge, bleich, stolpernd und schon mit Leichengeruch behaftet; sein Blick gleicht dem kalten Licht des Mondes, die Hände sind voller Gold, doch er hat nicht mehr die Kraft noch die Fähigkeit zu leben, und das Leben stößt ihn von sich. Auf der Seite der Freude ist niemand gehetzt. Sie sind frei in der Welt, allein tanzen sie ihren Feenreigen auf der weiten Waldlichtung, zwischen Goldwurz und duftenden Kräutern. Glaube ja nicht, daß die Bewohner des oberen Landes unempfänglich dafür sind. Sie kennen sie, ergreifen sie zuweilen und tanzen mit ihnen. Doch in Wirklichkeit sind diese Freuden, die zarter sind als Morgennebel, auch für dich bestimmt. Aber sie verlangen eine größere Bereitschaft des Geistes und eine stärkere Schmiegsamkeit der Gedanken, als sie dir geläufig sind. Du verzweifelst, du, der du besser gewappnet bist als alle andern; du hast nicht nur dein Wissen, sondern auch deine Jugend, die es zügelt.

Keinen lieben die Götter so wie den Jüngling, der von der hohen Schule kommt, das Haupt mit Lorbeer geschmückt, und der nun seine Schritte zur Schmiede seines Vaters lenkt; zur Werkstatt des Handwerkers oder zu den Feldern, auf denen der Pflug von alten Händen gehalten wird. Anstatt auf dem Lehrstuhl Platz zu nehmen, schmiedet er den ganzen Tag Hufeisen für die Pferde, er zimmert Tische, Schränke, Kredenzen und große Backtröge. Er atmet den Duft des Holzes ein, der die Kraft des Herzens vervierfacht; er schneidet das Leder und fügt es zusammen, zum Stiefel für den Flößer, zum eisenbeschlagenen Schuh für den Kärrner. An seiner Seite sitzt der Mitmensch, spricht mit ihm und achtet seine Arbeit. Er pflügt, er sät, er mäht und drischt. Schon ist er für freie Arbeit empfänglich, für die Substanz, die er formt, für die menschliche Notwendigkeit seiner Arbeit. Sein Reichtum hängt nicht von seinem Verdienst ab, sondern von seinen Freuden; er findet sie im Eisen, im Holz, im Leder, im Korn. Er findet sie im Besitz seiner selbst, im Gehorsam gegen seine menschliche Natur. Sein Wissen hat ihn hellsichtig und empfänglich gemacht. Er spürt, wie es sich täglich verfeinert und vervollkommnet, bei der Handarbeit, die er leistet, bei der alle Gesetze der Welt unter seinen Händen verschmelzen. Jetzt kannst du ihm, wenn er am Kamin sitzt und gemächlich sein Binsengefäß flicht, nicht mehr das Verständnis für den Rhythmus absprechen.

Es ist sehr schön, zu wissen, daß der Schmied ein Mann der Wissenschaft ist; er hat in seiner Werkstatt ein herrliches Gedicht. Es ist auch schön, zu wissen, daß der Pflüger hohe Grade in der Mathematik besitzt; das Gesetz der Zahlen ist in den Bergen, in den Wäldern, am Tageshimmel und am Sternenhimmel der Nacht. Werdet ihr von dem, der seine Freiheit bewahrt hat – der seine Arbeit liebt, der von Zauberwaffen und Flügeln umgeben ist, der in gesunder Kraft prächtige Kinder zeugt, mit einer stolzen Frau, der sein Leben inmitten des Friedens seiner Felder verbringt –, sagen, er hat Erfolg gehabt? *Mache aus der Wissenschaft keinen Beruf;* sie ist nur ein innerer Ruhm. Glaube nicht, daß du dich herabwürdigst, wenn du, obgleich du sie besitzt, dein Feld bestellst oder dein Handwerk betreibst.

Ich habe nicht die schlechten Zeiten verflucht, als ich im Steinbruch am Paß von Lus einen Philosophie-Studenten traf, der mit den Arbeitern schaffte. Zehnmal habe ich den Weg gemacht, um einen Abend mit ihm zu verbringen. Man konnte ihm nichts Besseres wünschen; er hatte eine Heldenbrust und war von heiterer Kraft erfüllt, die er mit Anmut zur Schau trug. Er legte Minen im Gestein auf dem Gipfel des dornigen Felsens, der die Berge Frankreichs stützt. Unter ihm war der lebendige Wald mit seinen Lichtungen, dann die Felder und die Dörfer. In seinen Büchern, die er mit sich führte, las er, wenn er am Ufer des Bergstroms entlang ging; er hatte einen Plato, Hesiod und einen kleinen Virgil. Manchmal hörte er auf zu lesen, um mit der Hand Forellen zu fangen. Er wohnte in der polnischen Kantine, und am Sonntagmorgen zog er mit Anuschka in den Wald, um Pilze zu suchen. In seiner Tasche trug er einen dicken englischen Shakespeare. Er und das Mädchen kamen erst abends heim. Sie betete ihn an wie einen Gott. Eine ausgeglichene Weisheit erfüllte ihn, die seinem Gesicht Ruhe und Würde verlieh und alles um ihn herum besänftigte und ausglich.

Glaube nicht, daß sei alles, was ich dir wünsche; ich will, daß du noch viel schöner seiest. Nichts kann dir gehören, wenn du nicht arm bist; doch du hast nicht das Recht, arm zu sein, solange deine Arbeit mit trockenen Papierfetzen bezahlt wird.

Du mußt die Gesellschaft, die sich auf dem Geld aufbaut, zerstören, ehe du glücklich sein kannst. Besitz gereicht dem Menschen wohl zur Ehre, wenn das, was er besitzt, der Mühe wert ist. Das, was man dir bietet, ist nicht der Mühe wert. Du spürst wohl, daß unsere Zeit unsicher und wankend ist; zu viele Menschen sind ihrer natürlichen Freuden beraubt. Alle.

Denn der Reichste hat sich nicht bereichert; er bleibt stets ein armer Mann. Ich sage dir nicht, daß du dich für kommende Generationen opfern sollst – das sind Redensarten, mit denen man die gegenwärtige Generation täuscht –, ich sage dir: begründe dein eigenes Glück! Lebe naturgemäß, und da man das in der modernen Gesellschaft als Irrsinn betrachtet, so begründe du die Gesellschaft, die das richtig findet. Es bedarf nur noch eines kleinen Anstoßes von dir, auf daß sie werde.

Autoren- und Quellenverzeichnis

Für die im Buch verwendeten Textauszüge wurden zum Teil kurze prägnante Überschriften gewählt, die in den Originaltexten in dieser Weise nicht enthalten sind.

THEODOR W. ADORNO (1903–1996), deutscher Philosoph. – S. 141: Sur l'eau. Aus: Minima Moralia. Suhrkamp Verlag, Frankfurt am Main 1975, S. 206–208.

ALAIN (Emile Auguste Chartier) (1868–1951), französischer Philosoph und Schriftsteller. S. 91/124: Schlechte Laune/Auf der großen Wiese. Aus: Die Pflicht glücklich zu sein. Aus dem Französischen von Albrecht Fabri. Suhrkamp Verlag, Frankfurt am Main 1975, S. 54–56/82 f.

ARISTOTELES (384–322 v. Chr.), griechischer Philosoph. – S. 208: Womit die Sache sich machen läßt. Aus: Nikomachische Ethik. Übersetzung von Adolf Lasson. S. Fischer Verlag, Frankfurt am Main 2016, S. 61 f.

ERNST BLOCH (1885–1977), deutscher Philosoph. – S. 120: Fall ins Jetzt. Aus: Spuren. Werkausgabe Band 1. Suhrkamp Verlag, Frankfurt am Main 1969, S. 98 f.

WILHELM BUSCH (1832–1908), deutscher Dichter und Zeichner. – S. 117: Das Hemd des Zufriedenen. Aus: Volksmärchen.

In: Sämtliche Werke, Bd. 8. Hrsg. von Otto Nöldeke. Verlag Braun & Schneider, München 1943, S. 97 f.

EVA DEMSKI (*1944), deutsche Schriftstellerin. – S. 36: Epikurs Garten. Aus: Gartengeschichten. Insel Verlag, Frankfurt am Main 2009, S. 64–75.

HILDE DOMIN (Hilde Palm) (1909–2006), deutsche Lyrikerin. – S. 72/168: Windgeschenke/Auf der andern Seite des Monds. Aus: Sämtliche Gedichte. Hrsg. von Nikola Herweg und Melanie Reinhold. S. Fischer Verlag, Frankfurt am Main 2009, S. 37 f./113 f.

RALPH WALDO EMERSON (1803–1882), amerikanischer Dichter und Essayist. – S. 65: Das Wohlbehagen in der Natur. Aus: Natur. Aus dem Amerikanischen von Harald Kiczka. Diogenes Verlag, Zürich 1982, S. 15–18.

FRED ENDRIKAT (1890–1942), deutscher Dichter. – S. 123: Lebensmathematik. Aus: Liederliches und Lyrisches. Buchwarte Verlag, Berlin 1940, S. 83.

HANS MAGNUS ENZENSBERGER (*1929), deutscher Schriftsteller. – S. 156: Wille und Vorstellung. Aus: Die Geschichte der Wolken – 99 Meditationen. Suhrkamp Verlag, Frankfurt am Main 2003, S. 89; S. 201: Gegebenenfalls. Aus: Leichter als Luft – Moralische Gedichte. Suhrkamp Verlag, Frankfurt am Main 1999, S. 80.

EPIKTET (ca. 50–125), griechischer Philosoph. – S. 90: Es liegt bei uns. Aus: Das Buch vom geglückten Leben. Aus dem Griechischen von Carl Conz. dtv Verlagsgesellschaft, München 2005, S. 15, 20.

EPIKUR (341–270 v. Chr.), griechischer Philosoph. – S. 21/87: Wir sind nur ein einziges Mal geboren/Wählen und Meiden. Aus: Von der Überwindung der Furcht. Ins Deutsche übertragen von Olof Gigon. dtv Verlagsgesellschaft, München 1983, S. 106 f./102–104; S. 57/81/111/139/169: Wer den morgigen Tag/ Philosophie ist die Tätigkeit/Dank sei der Natur/Ich bin dir, Zufall/Man muss sich aus dem Einerlei. Aus: Philosophie des Glücks. Übersetzt von Bernhard Zimmermann. dtv Verlagsgesellschaft, München 2006, S. 56/12/43/56/62.

SIGMUND FREUD (1856–1939), Begründer der Psychoanalyse. – S. 83: Das Glück der Ruhe. Aus: Das Unbehagen in der Kultur. In: Studienausgabe, Band IX. Hrsg. von Alexander Mitscherlich, Angela Richards und James Strachey. S. Fischer Verlag, Frankfurt am Main 1974, S. 207–209.

JEAN GIONO (1895–1970), französischer Schriftsteller. – S. 62/191/236: Endlich kommt die Sonne/Der Wahnsinn des Geldes/Vom wahren Reichtum. Aus: Vom wahren Reichtum. Aus dem Französischen von Ruth und Walter Gerull-Kardas. Fischer Taschenbuch Verlag, Frankfurt am Main 1986, S. 75–77/ 160–163/141–143/146–150.

MAJA GÖPEL (*1976), deutsche Ökonomin. – S. 219: Verzicht? Aus: Unsere Welt neu denken. Ullstein Buchverlage, Berlin 2020, S. 127–135.

JOHANN WOLFGANG GOETHE (1749–1832), deutscher Schriftsteller. – S. 132: Wann er will. Aus: Die Leiden des jungen Werthers. Zweite Fassung. In: Sämtliche Werke. Band 4. dtv Verlagsgesellschaft, München 1977, S. 388–390.

FRANZ HOHLER (*1943), schweizerischer Schriftsteller. – S. 186: Gutscheine. Aus: Das Ende eines ganz normalen Tages. Luchterhand Literaturverlag, München 2008, S. 59–64.

ARNO HOLZ (1863–1929), deutscher Schriftsteller. – S. 55: Das Lied vom Glück. Aus: Poesiealbum. Verlag Neues Leben, Berlin 1981, S. 29.

HORAZ (65–8 v. Chr.), römischer Dichter. – S. 33: Pflücke den Tag. Aus: Gedichte. Hrsg. und ins Deutsche übertragen von Georg Dorminger und August von Graevenitz. Wilhelm Goldmann Verlag, München 1958, S. 18.

FRANZ KAFKA (1883–1924), österreichisch-tschechoslowakischer Schriftsteller. – S. 180: Alles fühlt den Griff am Hals. Aus: Der komische Kafka. Hrsg. von Günter Stolzenberger. Marixverlag, Wiesbaden 2015, S. 179.

MASCHA KALÉKO (1907–1975), deutschsprachige Schriftstellerin. – S. 73: Erster Ferientag. Aus: Kleines Lesebuch für Große. In: Sämtliche Werke und Briefe, Band I. Hrsg. von Jutta Rosenkranz. dtv Verlagsgesellschaft, München 2012, S. 87–91.

IMMANUEL KANT (1724–1804), deutscher Philosoph. – S. 134: Der mündige Mensch. Aus: Beantwortung der Frage: Was ist Aufklärung? In: Von den Träumen der Vernunft. Fourier Verlag, Wiesbaden, © Gustav Kiepenheuer Verlag, Leipzig und Weimar 1979, S. 225–227.

GEERT KEIL (*1963), deutscher Philosoph. – S. 202: Was ist Willensfreiheit? Aus: Willensfreiheit und Determinismus. Verlag Philipp Reclam jun., Ditzingen 2018, S. 23–27.

KARL KRAUS (1874–1936), österreichischer Schriftsteller. – S. 160: Ich kannte einen Hund. Aus: Schriften, Bd. 8, Aphorismen. Hrsg. von Christian Wagenknecht. Suhrkamp Verlag, Frankfurt am Main 1986, S. 432.

REINER KUNZE (*1933), deutscher Schriftsteller. – S. 137: Vers zur Jahrtausendwende. Aus: Gedichte. S. Fischer Verlag, Frankfurt am Main 2001, S. 281.

LAOTSE (6. Jh. v. Chr.), legendärer chinesischer Philosoph. – S. 216: Alles Große beginnt als Kleines. Aus: Tao te king – Das

Buch vom Sinn und Leben. Aus dem Chinesischen von Richard Wilhelm. dtv Verlagsgesellschaft, München 2005, S. 75.

LIN YUTANG (1895–1978), chinesischer Schriftsteller. – S. 47: Verlorenes Paradies? Aus: Weisheit des lächelnden Lebens. Deutsche Verlagsanstalt, Stuttgart 1952, S. 326–329.

LUKREZ (Titus Lucretius Carus) (ca. 97–55 v. Chr.), römischer Dichter. – S. 34: Folge deiner Natur. Aus: Über die Natur der Dinge. Ins Deutsche übertragen von Klaus Binder. dtv Verlagsgesellschaft 2017, © 2014 Verlag Galiani, Berlin, S. 71 f.

LUDWIG MARCUSE (1894–1971), deutscher Philosoph und Schriftsteller. – S. 27: Keine Angst. Aus: Philosophie des Glücks. Diogenes Verlag, Zürich 1972. S. 67–72.

MICHEL DE MONTAIGNE (1533–1592), französischer Philosoph. – S. 94: Man muß sich selbst ein Freund sein. Aus: Von der Freundschaft. Aus dem Französischen von Herbert Lüthi. dtv Verlagsgesellschaft, München 2005, S. 94–96, 98–99.

ROBERT MUSIL (1880–1942), österreichischer Schriftsteller. – S. 103: In den Jahren der Lebensmitte. Aus: Der Mann ohne Eigenschaften. Rowohlt Taschenbuch Verlag, Reinbek bei Hamburg 1978, S. 130–132.

FRIEDRICH NIETZSCHE (1844–1900), deutscher Philosoph. – S. 25: Et in Arcadia ego. Aus: Menschliches, Allzumenschliches II. Alfred Kröner Verlag, Stuttgart 1954, S. 314 f.; S. 61/199: Gegen die Verleumder der Natur/Zwei Glückliche. Aus: Die fröhliche Wissenschaft. Wilhelm Goldmann Verlag, München o. J., S. 228 f./236 f.

ANNEMARIE PIEPER (*1941), deutsche Philosophin. – S. 181: Homo consumens. Aus: Glückssache – Die Kunst, gut zu leben. dtv Verlagsgesellschaft, München 2007, S. 129–132.

PLATON (427–347), griechischer Philosoph. – S. 97: Der goldene Draht. Aus: Nomoi. Übersetzung von Friedrich Schleiermacher, Franz Susemihl u. a. Insel Verlag, Frankfurt am Main 1991, S. 91, 93, 95.

PLUTARCH (46–120), griechischer Historiker und philosophischer Schriftsteller. – S. 116: Geh mir aus der Sonne! Aus: Große Griechen und Römer, Band V. Übersetzt von Konrat Ziegler und Walter Wuhrmann. Artemis & Winkler, Mannheim 2010, S. 21 f.; S. 153: Pyrrhos-Siege. Aus: Große Griechen und Römer, Band VI. Übersetzt von Konrat Ziegler, Artemis & Winkler, Mannheim 2010, S. 23–25.

RAINER MARIA RILKE (1875–1926), deutscher Schriftsteller. – S. 68: Erlebnis. Aus: Kleine Schriften. In: Sämtliche Werke. Band VI. Hrsg. vom Rilke-Archiv in Verbindung mit Ruth Sieber-Rilke. Insel Verlag, Frankfurt am Main 1966, S. 1036–1040.

JOCHIM RINGELNATZ (Hans Bötticher) (1883–1934), deutscher Lyriker und Schriftsteller. – S. 79: Der Abenteurer. Aus: Sämtliche Gedichte, Diogenes Verlag, Zürich 1994, S. 487.

JEAN-JACQUES ROUSSEAU (1712–1778), französisch-schweizerischer Philosoph. – S. 144: Höchste Glückseligkeit. Aus: Die Träumereien des einsamen Spaziergängers. Aus dem Französischen von Dietrich Leube. Artemis Verlag, Zürich 1985, S. 89–92.

RÜDIGER SAFRANSKI (*1945), deutscher Philosoph und Schriftsteller. – S. 210: Platz schaffen. Aus: Wieviel Globalisierung verträgt der Mensch? Carl Hanser Verlag, München 2019, S. 109–116.

FRIEDRICH SCHLEGEL (1772–1829), deutscher Philosoph und Schriftsteller. – S. 147: Idylle über den Müßiggang (Auszug). Aus: Lucinde. Insel Verlag, Frankfurt am Main 1975, S. 44–47.

WILHELM SCHMID (*1953), deutscher Philosoph. – S. 161: Die Zeit gebrauchen. Aus: Philosophie der Lebenskunst. Suhrkamp Verlag, Frankfurt am Main 1998, S. 355–361.

ARTHUR SCHOPENHAUER (1778–1860), deutscher Philosoph. – S. 99/157: Sein und Haben/Gegenwart. Aus: Aphorismen zur Lebensweisheit. Hrsg. von Rudolf Marx. Alfred Kröner Verlag, Stuttgart 1950, S. 3–5,7–8/145–148.

GUSTAV SCHWAB (1792–1850), deutscher Schriftsteller. – S. 175: Midas. Aus: Sagen des klassischen Altertums. Insel Verlag, Frankfurt am Main 1975, S. 948 f.

LUCIUS ANNAEUS SENECA (4 v. Chr. – 65 n. Chr.), römischer Staatsmann und Philosoph. – S. 23/59/114/171: Ein Leben im Glück/Wandere mit mir!/Endlich frei/Der ewige Kreislauf. Aus: Von der Seelenruhe. Hrsg. und aus dem Lateinischen übertragen von Heinz Berthold. Dieterich'sche Verlagsbuchhandlung, Leipzig 1986, S. 128 f./261–264/188–190/175–179.

WILLIAM SHAKESPEARE (1564–1616), englischer Schriftsteller. – S. 207: Unser Körper ist ein Garten. Aus: Othello. In: Dramatische Werke, dritter Band – Tragödien. Übersetzt von Wolf Graf Baudissin. Büchergilde Gutenberg, Frankfurt am Main 1954, S. 699.

PETER STAMM (*1963), schweizerischer Schriftsteller. – S. 227: Elins Äpfel. Aus: Der Lauf der Dinge – Gesammelte Erzählungen. Fischer Taschenbuch Verlag, Frankfurt am Main 2014, S. 548–555.

HENRY DAVID THOREAU (1817–1862), amerikanischer Schriftsteller. – S. 127: Ich zog in den Wald. Aus: Walden. Aus dem Amerikanischen von Erika Ziha. Ergänzt und überarbeitet von Sophie Zeitz. dtv Verlagsgesellschaft, 15. Aufl. München 2020, S. 94, 98–101.

LUDWIG TIECK (1773–1853), deutscher Schriftsteller. – S. 52: Vor unseren Füßen. Aus: Franz Sternbalds Wanderung. In: Frühe Erzählungen und Romane. Winkler Verlag, München 1963, S. 714–716.

KURT TUCHOLSKY (1890–1935), deutscher Journalist und Schriftsteller. – S. 107: Man sollte sich doch treu bleiben. Aus: Gesammelte Werke, Band 2. Hrsg. von Mary Gerold-Tucholsky und Fritz J. Raddatz. Rowohlt Verlag, Reinbek bei Hamburg 1993, S. 386–388; S. 195: Augen in der Großstadt. Aus: Irgendwas ist immer – Lebensweisheiten. Hrsg. von Günter Stolzenberger. dtv Verlagsgesellschaft, München 2017, S. 55 f.

MARK TWAIN (1835–1910), amerikanischer Schriftsteller. – S. 113: Reich ist, wer genug hat. Aus: Mark Twain für Boshafte. Hrsg. von Günter Stolzenberger. Insel Verlag, Berlin 2010, S. 66.

MARTIN WALSER (*1927), deutscher Schriftsteller. – S. 149: Die Entdeckung des idealen Punktes. Aus: Gesammelte Geschichten. Suhrkamp Verlag, Frankfurt am Main 1983, S. 271–274.

ROBERT WALSER (1878–1956), schweizerischer Schriftsteller. – S. 217: Das Stellengesuch. Aus: Kleine Dichtungen. Suhrkamp Verlag, Frankfurt am Main 1980, S. 149 f.

MAX WEBER (1864–1920), deutscher Soziologe. – S. 178: Der Geist des Kapitalismus. Aus: Die Protestantische Ethik. In: Schriften zur Soziologie. Hrsg. von Michael Sukale. Philipp Reclam jun., Stuttgart 1995, S. 353–355.

Trotz aller Bemühungen ist es uns leider nicht gelungen, alle Rechteinhaber ausfindig zu machen. Der Verlag verpflichtet sich, rechtmäßige Ansprüche jederzeit in angemessener Form abzugelten.

Die Drei-Minuten-Auszeit

Fabrice Midal
Der Alltags-Chillosoph
40 kluge Pausen

ALLE LIEFERBAREN TITEL, INFORMATIONEN UND SPECIALS FINDEN SIE ONLINE

Auch als eBook   www.dtv.de

EINLADUNG ZUR ENTDECKUNGSREISE

ALLE LIEFERBAREN TITEL, INFORMATIONEN UND SPECIALS
FINDEN SIE ONLINE

Auch als eBook   www.dtv.de